RAONI MARQS

Como escrever histórias

SEGUINTE

O selo Seguinte pertence à Editora Schwarcz S.A.

Grafia atualizada segundo o Acordo Ortográfico da Língua Portuguesa de 1990, que entrou em vigor no Brasil em 2009.

capa e ilustrações RAONI MARQS

preparação BEATRIZ CASTRO

revisão JULIANA CURY e ADRIANA MOREIRA PEDRO

Dados Internacionais de Catalogação na Publicação (CIP)
(Câmara Brasileira do Livro, SP, Brasil)

Marqs, Raoni
    Como escrever histórias / Raoni Marqs. — 1ª ed. —
São Paulo : Seguinte, 2025.

    ISBN 978-85-5534-393-3

    1. Arte de escrever 2. Criação (Literária, artística etc.)
3. Escritores I. Título.

25-264798   CDD-801.92

Índice para catálogo sistemático:
1. Criação literária   801.92

Cibele Maria Dias — Bibliotecária — CRB-8/9427

Todos os direitos desta edição reservados à
EDITORA SCHWARCZ S.A.
Rua Bandeira Paulista, 702, cj. 32
04532-002 — São Paulo — SP
Telefone: (11) 3707-3500
www.seguinte.com.br
contato@seguinte.com.br

sumário

"Escrever é a habilidade de ~~perguntar-se e obter respostas.~~"
~~*Syd Field,* Manual do Roteiro~~

"ESCREVER É FAZER PERGUNTAS
E ENCONTRAR RESPOSTAS"
— RAONI MARQS

introdução

Por que você quer
escrever uma história?

Porque sim!

Histórias são legais: elas contam sobre o drama da nossa existência, sobre a busca interminável pelo amor, sobre a tragédia da mortalidade, e sobre robôs lutando kung fu no espaço!

Você provavelmente já tentou escrever uma história. Teve uma grande ideia, imaginou o que aconteceria na sua narrativa, criou um herói e um vilão, pegou papel e caneta e sentou pra escrever tudo aquilo. Você estava a alguns minutos de compartilhar a sua GRANDE VISÃO COM O MUNDO!

Mas depois de umas **TRÊS HORAS**, o papel estava mais ou menos assim:

E você, mais ou menos assim:

Se tivesse desistido, você provavelmente teria sido bem mais feliz...

Mas, sentindo que conseguiria vencer aquele desafio, tentou escrever até ficar maluco.

Tudo bem, acontece com todo mundo.

O motivo pra você achar que consegue escrever uma história é porque consegue mesmo.

Nós ouvimos histórias desde que nascemos. Histórias são tipo um burgui: você pode não saber como se faz um, mas já comeu vários e sabe quando um burgui é ruim e quando um burgui é do bão.

BURGUI

"Mas se eu sei tanto assim sobre histórias, por que falhei miseravelmente quando tentei escrever uma?"

Isso acontece porque você sabe ouvir histórias, mas pra *escrever* histórias, precisa conhecer *os segredos dos ninjas*: segredos milenares e mitológicos que destrancam as portas da sabedoria e te permitem escrever como você sempre sonhou.

Então pegue papel e caneta de novo e tente esquecer do fracasso que sentiu quando tentou escrever pela última vez. Agora o negócio é sério: você vai escrever essa história até o final, e aí vai escrever outra e outra e mais uma — porque vai descobrir que os segredos dos ninjas são bem fáceis, e o que te impedia de escrever antes era só alguma coisa estúpida que você não sabia ainda.

parte I

várias coisas

1
conceito

O PRIMEIRO PASSO da sua história é uma IDEIA. Histórias têm personagens, cenários, sequências de lutinha com explosões, e a sua ideia pode ser qualquer uma dessas coisas — a sua ideia pode até ser o *fim* da história em vez do começo. Não tem problema: você pode começar de qualquer lugar.

Mas não importa por onde você comece, o que você precisa pra se lançar nessa incrível jornada da escrita é uma...

visão

Histórias caem do céu: elas aparecem do nada na sua cabeça porque o seu cérebro viu um punhado de coisas, juntou tudo e, por um segundo, criou uma imagem incrível: **um universo fantástico em que heróis vivem grandes aventuras e onde acontecem coisas que você nunca tinha imaginado!**

Agora, eu sei o que você deve estar pensando: "Histórias caem do céu?! Como assim? **Eu achei que você ia me ensinar como escrever! Cadê os segredos dos ninjas?!"**.

Mas esse é o primeiro segredo dos ninjas: histórias vêm de uma imagem estranha na sua cabeça. Guarde essa imagem, ela tem tudo o que você precisa.

A imagem na sua cabeça é o *conceito* da sua história: é o aspecto geral de tudo o que você quer contar.

Se olhar a história de longe, o que você vê é o seu **conceito**.

Por exemplo: se você estivesse escrevendo *Alien*, o seu conceito seria "várias pessoas presas numa nave com um monstro assassino".

Se estivesse escrevendo *Batman*, seria "justiceiro cos-player combate o crime".

Se estivesse escrevendo *Transformers*, seria "robôs tími-dos se escondem no trânsito".

Se estivesse escrevendo *Pokémon*, seria "tráfico de animais & rinha de galo".

E se você estivesse escrevendo *Tartarugas Ninja*, seria "tartarugas ninja".

Então pense na sua ideia: o que você enxerga quando imagina a sua história? E como escreveria isso em pouquíssimas palavras?

Não, não, não!

Não conte quem está fazendo o quê! Aqui a gente quer só o *conceito*: a ideia geral da história, o que ela tem de diferente de todas as outras, uma coisa bem curta e grossa que transmita a essência do seu projeto, tipo...

Star Wars pode ser sobre QUALQUER coisa: dá pra contar inúmeras histórias com o conceito "tretas no espaço", mas isso já diz muito sobre o que essa história *não é* — e é mais ou menos isso que você quer ao definir seu conceito.

O mesmo vale pra *Dragon Ball*: tem sete coisas espalhadas pelo mundo que, quando reunidas, invocam um dragão que realiza qualquer desejo. A história podia ser sobre qualquer um — nada no conceito fala sobre o Goku, sobre lutinhas ou sobre Deus ser um E.T. numa torre.

Conceitos são uma imagem que conta **como é a história sem dizer *qual* é a história**. Por exemplo, o pôster de *Era uma vez no Oeste*:

São três caras armados, virados pra um outro cara armado, e todo mundo usa chapéu e bota: é um faroeste e tem treta! Não dá pra saber sobre quem é ou o que acontece, mas o conceito da história tá todo ali.

Você também pode definir seu conceito como uma mistura de outras histórias. Isso é bem útil porque fica muito mais fácil de entender o que você está imaginando, e também porque, provavelmente, foi assim que você teve a ideia. O pessoal da Pixar tem ideias desse tipo o tempo todo! Eles olham pra brinquedos, carros, ratos, peixes e pensam: "**O que essas coisas devem estar pensando agora?**". E aí escrevem um filme.

Ideias são uma soma de outras coisas que você já viu. Então, não fique com vergonha: vai lá e mostra de onde veio essa ideia.

Por exemplo, *Avatar* nada mais é que...

POCAHONTAS
+
STAR WARS

(Ou *"Dança com lobos no espaço"*.)

E *Succession* é...

REI LEAR
+
SHARK TANK

E *Velozes e furiosos* é...

11 HOMENS &
UM SEGREDO
+
NEED FOR SPEED

O mais importante é que o seu conceito precisa ser:

① INTERESSANTE

② FÁCIL DE EXPLICAR

Você quer que ele seja **interessante** porque quer EXPLODIR a cabeça das pessoas com quão incrível é a sua história!

E você quer que seja fácil de explicar, porque se não for, **ninguém** vai entender nada.

Quando você souber o **conceito da história**, pense em **qual gênero ela se encaixa melhor**.

Se for sobre detetives indo atrás de uma pessoa morta, é um mistério.

Mas se for sobre uma pessoa morta indo atrás de detetives, aí é uma história de terror.

Se for sobre dois jovens descolados se apaixonando, é uma comédia romântica.

Mas caso se passe num universo paralelo, pode ser uma ficção científica.

Depois que decidir o gênero da sua história, vá atrás de todas as obras desse gênero que você gosta (filmes, livros, jogos, séries) e encontre pontos em comum entre elas. **Você quer que a sua história seja diferente**, mas que também se pareça com o que já existe naquele gênero, pra que o seu público reconheça a narrativa como uma ficção científica, uma fantasia ou qualquer que seja o gênero que você estiver escrevendo.

Por exemplo: se está escrevendo uma história de terror, você precisa de muitas vítimas e um "monstro".

E se está escrevendo um mistério, você precisa de um crime e de um monte de suspeitos.

Mas se estiver escrevendo uma história infantil, não pode ter palavrões ou sangue.

CLARO QUE ESSE É UM ÓTIMO MOMENTO PRA SER CRIATIVO: você precisa conhecer os clichês do seu gênero, mas a sua história pode subvertê-los.

Nada impede um *slasher* (*Sexta-feira 13*)...

... de acontecer no espaço (*Alien*).

Dragon Ball, por exemplo, é a história de um menino com rabo de macaco voando numa nuvem (baseado no personagem de *Jornada ao Oeste*), que encontra uma menina com um radar e cápsulas que se transformam em motos, carros e aviões.

Desde o primeiro momento, *Dragon Ball* mistura elementos de ficção científica (viagens espaciais, robôs, androides, viagens no tempo, alienígenas) com elementos mitológicos (dragões, múmias, bruxas, pedidos mágicos, feiticeiros).

Faça o que quiser com a sua história,

mas se certifique de que tudo funciona em conjunto.

E na dúvida, lembre-se:

1.

interessante

2.
fácil de
explicar

2

trama

Você tem um conceito: uma imagem de coisas acontecendo. Esse conceito pode contar infinitas histórias: "juntar sete esferas mágicas para fazer um pedido" pode ser o pano de fundo pra qualquer narrativa (em vez de falar sobre alienígenas com rabo lutando pra defender o universo, essa premissa podia virar qualquer filme do Indiana Jones).

Mas pra virar uma história, você precisa de uma *trama* — você precisa de...

CONFLITO

A **TRAMA** é feita de **duas partes:**

INTENÇÃO

&

OBSTÁCULO

Começando com a intenção: ela é a missão do protagonista — a personagem principal na sua história.

A intenção costuma combinar com o gênero da história. Se você estiver escrevendo um drama adolescente, a intenção do protagonista pode ser realizar um sonho.

Mas se estiver escrevendo uma fantasia medieval, é melhor arrumar uma intenção que combine um pouco mais com o seu cenário...

Para definir o que o personagem *quer*, pense no seu **conceito**: você imaginou pessoas lutando, carros acelerando, cachorros fugindo, jovens matando aula...

Use essa imagem pra definir a **intenção** do seu personagem, porque é isso que vai te ajudar a criar a história que você imaginou.

Se quiser deixar seu público **interessado, curioso, faminto** pelo que você escrever, sua história deve falar sobre alguém lutando pra conseguir alguma coisa. A gente quer emoção, bombas, chutes na cara, decepções, corações partidos! Ninguém assiste um jogo de futebol com um time só —

A GENTE QUER CONFLITO!

Lembra como o seu conceito EXPLODIU a cabeça daquele cara? A sua história tem que provar que aquele conceito era **realmente** explodidor de cabeças — a trama precisa extrair dele tudo o que a frase "pudim assassino" (ou qualquer que seja o seu conceito) prometeu.

O seu conceito é como um trailer. **A sua trama é o filme.**

NÃO DECEPCIONE OS SEUS FÃS.

O jeito mais curto de definir a sua **trama** é:

*"**Alguém** quer **alguma coisa,** mas **algo** o impede..."*

Nessa frase, a gente tem tudo o que Aristóteles (o filósofo famoso) e Aaron Sorkin (o roteirista famoso) acham necessário pra uma história:

O protagonista da história precisa fazer coisas que **mereçam nossa ATENÇÃO**. Contar sobre alguém que chegou no topo de uma montanha de helicóptero é muito diferente de falar sobre alguém que subiu sozinho, a pé, durante uma tempestade, e precisou enfrentar uma gangue de ursos selvagens no caminho!

Se o Pudim Assassino conseguir matar todo mundo e ir pras Bahamas sem ninguém correr atrás dele, a história é péssima! Ele *precisa* escapar pras Bahamas. Um protagonista com uma intenção sem obstáculos não tem graça nenhuma. Mas se tiver um obstáculo, você cria um *conflito*: **O CONFLITO *É* A SUA HISTÓRIA.**

Se a história é sobre um piloto (protagonista) que quer vencer um grand prix (intenção), mas precisa ser mais rápido que todos os outros pilotos (obstáculo), nós vamos querer ver essa corrida (conflito)!

PROTAGONISTA

INTENÇÃO

OBSTÁCULO

CONFLITO

Conflito **não** quer dizer "lutinha", "briga" ou "competição". **PENSE NO CONFLITO** como a distância, o espaço, a lacuna entre uma personagem e o que ela quer.

Se um protagonista quer muito comer macarrão, é uma escolha de quem escreve decidir se essa história é um filme de kung fu em que, para chegar ao macarrão, uma cliente precisa enfrentar os mestres de cada andar do Restaurante Dragão Vermelho; ou se é uma animação do Estúdio Ghibli em que nós assistimos calmamente enquanto alguém prepara um prato de comida.

Seja qual for o motivo, o protagonista *queria alguma coisa que não tinha*. A gente chama o **ato de "conseguir essa coisa"** de **CONFLITO**. O que o protagonista quer é a intenção; o que o impede de conseguir é o obstáculo. Fazer o que for necessário para conseguir o que quer, seja lutar kung fu ou cozinhar uma refeição, é o CONFLITO.

Se você estivesse escrevendo *Barbie*, o obstáculo seria o patriarcado. Se estivesse escrevendo *Romeu e Julieta*, o obstáculo seria o quanto as famílias dos protagonistas se odeiam. E se estivesse escrevendo *Game of Thrones*, o obstáculo seria terminar os livros a tempo para filmarem a série.

O que o herói QUER e O QUE O IMPEDE precisam ser proporcionais. O OBSTÁCULO tem que ser tão GRANDE quanto a INTENÇÃO: se o seu protagonista quer tomar banho, o obstáculo pode ser só a falta de luz ou água...

E se o seu protagonista quer salvar o mundo, o obstáculo pode ser um meteoro gigante que vai extinguir a raça humana.

O importante é que o protagonista *precisa* vencer os obstáculos. Ele *não pode* desistir de tomar banho!

Mas enquanto a intenção e o obstáculo precisam ser proporcionais, o protagonista pode ser o que você quiser! Se o conflito for "salvar o mundo", o protagonista pode ser tanto o Super-Homem...

... quanto o Frodo.

O que muda com a escolha do protagonista são as

TÁTICAS.

As táticas são as opções ou as habilidades que o seu herói tem à disposição para vencer o obstáculo.

O Super-Homem é superforte, super-resistente, consegue voar, tem visão de raio X, visão de calor, sopro gelado e pode ficar sem camisa no espaço.

O Frodo tem um anel que o deixa invisível, mas que ele não pode usar porque o deixa gripado e atrai os piores inimigos.

Se o Super-Homem tivesse que levar o anel pra ser destruído em Mordor, essa seria uma história **sem** conflito, porque nada na Terra Média é páreo para ele.

E seria complicado se o Frodo tivesse que lutar contra o Apocalypse, o vilão que matou o Super-Homem...

"Mas você disse que o protagonista não precisa ser proporcional ao obstáculo! O Super-Homem é totalmente proporcional ao Apocalypse! Então por que o Frodo não pode lutar com ele?"

Porque a intenção do Super-Homem não é "derrotar o Apocalypse"; é "salvar o mundo" — a mesma missão do Frodo. Se o Frodo tivesse que salvar o mundo do Apocalypse, ele faria isso de um jeito que não incluísse bater muito, porque as táticas do Frodo são outras. Cada herói lida com os obstáculos usando as táticas que tem à disposição — seja uma arma gigante, um chute na cara, uma declaração de amor ou um discurso empolgante.

ESCREVA um protagonista com táticas capazes de vencer o obstáculo, e um obstáculo proporcional à intenção.

3
logline

A internet está cheia de vídeos de gatinhos. **Cheia**. Tipo, **entupida** deles. Se você dedicasse a sua vida inteira a assistir vídeos de gatinhos, eu duvido que conseguiria ver **TODOS** antes de morrer.

A pergunta que fica é: por que alguém vai querer ler a sua história se já existem tantas coisas incríveis pra ver? Coisas que a gente já sabe que vai gostar?

Vamos supor que alguém está pensando em ler a sua história. Você tem uns **TRÊS** segundos pra convencer essa pessoa de que vale a pena.

A sua história pode ser o roteiro de um filme, ou animação, ou quadrinho, ou livro — você provavelmente vai ter uma capa ou desenhos ou um trailer pra mostrar pras pessoas e te ajudar a vender essa ideia. Mas vamos supor que você só possa usar as palavras — porque imagens são promessas vazias.

Que palavras usar? É FÁCIL: você diz qual o *conceito*, qual o *protagonista*, qual a *intenção* e qual o *obstáculo*.

Mas não desse jeito...

O que você quer é *uma frase* que resuma toda a história — uma frase que conte "**quem está fazendo o quê, e o que está atrapalhando**".

A gente chama isso de ***LOGLINE***!

A *LOGLINE* é uma frase que diz QUAL É A HISTÓRIA QUE VOCÊ QUER CONTAR. Pra você, ela é um **mapa do seu projeto**: mostra o eixo da sua história. Pro resto do mundo, é a resposta da pergunta: "Será que eu vou gostar disso?".

Você quer que a sua *logline* seja mais ou menos assim:

"Ao ter a sua honra questionada, o robô RX-02 desafia para um duelo o príncipe dos robôs, SS-14, mas sua fama de alcoólatra coloca todos contra ele na estação espacial."

Bom, vamos ver o que rolou aqui...

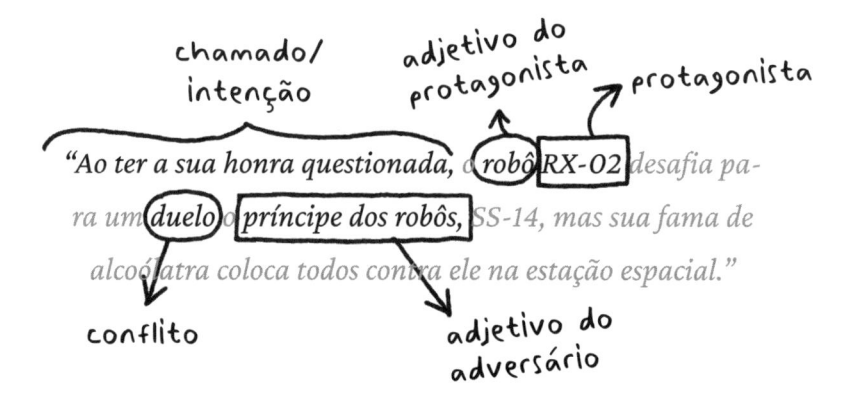

"Ter a sua honra questionada" é o evento que leva ao conflito, mas também revela QUAL é a intenção do protagonista: reaver a sua honra.

"Robô" se refere ao protagonista, assim como "príncipe dos robôs" conta quem é o adversário e um pouco da relação de poder entre os dois — afinal, um deles é um príncipe, e o outro, não.

"Duelo" mostra como o conflito vai ser apresentado. Só que tem outro drama rolando nessa *logline*...

Ah, é: "na estação espacial" conta onde a história se passa.

"Ao ter a sua honra questionada, o robô RX-02 desafia para um duelo o príncipe dos robôs, SS-14, mas sua fama de alcoólatra coloca todos contra ele na estação espacial."

O que causa o conflito é terem questionado a honra do RX-02, mas depois nós descobrimos que ele tem "fama de alcoólatra" e que isso colocou "todos contra ele" — uma revelação não só para nós, mas também para o RX-02, afinal, o adjetivo do protagonista não era "alcoólatra", era "robô". Por isso o "mas" no meio da frase é tão importante: é o momento em que tanto o RX-02 quanto nós (o público) descobrimos que ele tem um problema com álcool — o meio da história.

O **conceito** da **história** era "robôs lutando no espaço", mas o que a *logline* indica é que a trama é sobre um robô perdido na vida, que acha que conflitos são resolvidos na porrada.

Incluir na *logline* que todos ficam contra o RX-02 **mostra** quanto esse momento é importante na história: o protagonista pensava que reconquistaria sua honra vencendo um duelo, mas descobrir que todos estão contra ele por ser um bêbado infame revela que a resolução do conflito não está no mundo lá fora... mas dentro de si mesmo...

Ou seja, essa é a história de um robô que tenta retomar as rédeas da própria vida.

O começo da história é ele sendo ofendido pelo príncipe. O segundo ato começa quando o robô desafia o príncipe para um duelo, e o meio é quando ele descobre que ninguém gosta dele. A segunda parte do segundo ato é quando o robô admite que tem um problema — nós sabemos quase toda a história só pela *logline*.

Só falta saber o **FIM** — e é pra isso que as pessoas vão querer ler a sua história.*

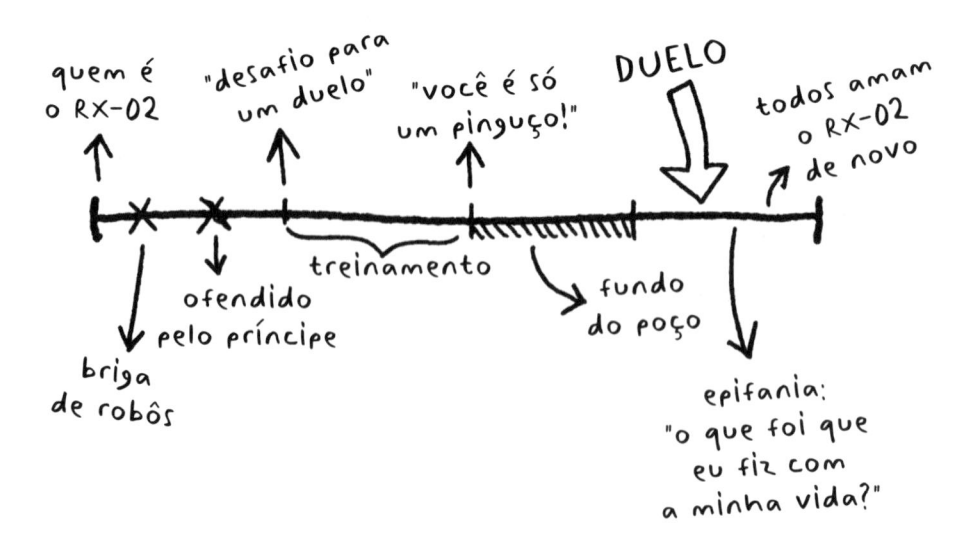

Pense em tudo o que você sabe sobre a intenção, o obstáculo e o conflito e escreva essa história em uma frase que resuma isso —
guarde apenas o **final**.

4

tema

Se você já está cansado de regras que não envolvem "sentar e escrever a sua história" e não aguenta mais essa coisa de "conflito", "trama" e outras palavras idiotas... se prepare, **porque este capítulo vai ser ESPECIALMENTE HORRÍVEL pra você.**

Se tem uma coisa que a história do RX-02 pode nos ensinar é que mesmo quando você parte de um conceito ridículo, tipo "robôs lutando no espaço", pode escrever uma história dramática, séria e profunda. Não na superfície — que ainda tem robôs lutando no espaço —, mas no **subtexto**.

O trailer e o pôster do RX-02 prometem robôs lutando no espaço — esse é o conceito, e a partir dele nós podemos escrever *QUALQUER* história. No caso, a história do RX-02 era a de um robô alcoólatra que descobria que todos o odiavam e ficava sem rumo na vida.

Isso é falsidade ideológica? Não — desde que o RX-02 acabe lutando com algum robô no espaço sempre que alguma coisa importante acontecer.

Por sorte, nós sabemos **exatamente** onde as coisas importantes acontecem.

Então, em todos esses momentos, robôs vão lutar no espaço — é só fazer com que a trama te guie até essas cenas, e tá tudo certo. O que você precisa agora é que essas cenas signifiquem algo além de "robôs lutando no espaço".

Imagine que em vez de robôs lutando, seja uma história sobre carros batendo.

É verdade: carros batendo, coisas explodindo, robôs lutando e filhotes brincando são coisas com um **TALENTO SOBRENATURAL** pra chamar a nossa atenção.

E que fique bem claro: a sua história *PODE* ser só uma sucessão de carros batendo — a sua história pode ser o que você quiser!

MAS aí ela é menos uma história e mais uma colagem de acontecimentos intensos...

Histórias NÃO são vídeos de gatinhos fofos.

Esses vídeos são ótimos, mas existe um motivo para serem curtos: NINGUÉM se impressiona com quanto um gatinho é fofo por TANTO tempo.

Se você quiser prender a atenção do leitor por todo esse tempo, precisa fazer com que ele **acredite** nos personagens, torça por eles e se importe com a vida daquelas pessoas fictícias. **Histórias são feitas de texto e subtexto.** Eu posso ver uma luta entre dois caras, mas o que ela significa pra mim? Não pode ser só uma luta...

Exato! Ninguém assistia *Dragon Ball* pra saber se eles iam pedir a paz mundial quando reunissem as esferas do dragão, ou pra ver se o Goku era um bom pai, ou pra torcer pro Gohan realizar o sonho de virar cientista.

Mas essas coisas eram importantíssimas quando eles estavam lutando!

Toda história tem um número limitado de cenas, e todas elas precisam de um significado para que o público projete as próprias emoções nos personagens.

Em cada cena, o seu protagonista deve estar se desenvolvendo, de forma que, no final, o significado de todas as cenas juntas seja um só.

$$\frac{(\text{evento} + \text{significado})\ (\text{evento} + \text{significado})\ (\text{evento} + \text{significado}) +}{\text{verdade universal}}$$

No fim das contas, **sua história é só um veículo transportando o seu ponto de vista sobre alguma coisa**. Mesmo sem querer, a gente acaba escrevendo aquilo em que acreditamos; a visão que temos sobre o mundo, a vida, a forma como as coisas funcionam...

Isso vale tanto para as nossas maiores crenças quanto para como a gente estiver se sentindo no dia. Se você estiver de bom humor, sua história pode acabar sendo mais otimista; se estiver com fome e sem dormir, seus personagens provavelmente vão começar a ficar mais sinistros e tenebrosos.

NÃO ESTÁ
NO CLIMA PRA
ESCREVER
AQUELA COMÉDIA
ROMÂNTICA...

Tenha isso em mente quando estiver escrevendo.
PRESTE ATENÇÃO nas suas opiniões, nos seus sentimentos, no que te traz empolgação, revolta, tédio... Aí use isso pra deixar a sua história ainda mais FORTE. Se você acreditar no que os seus personagens dizem e for totalmente contra o que os seus antagonistas fazem, sua história vai acabar ficando intensa e dramática, alimentada pelo fogo das suas convicções!

A visão de mundo que você coloca na sua história (através do significado das cenas e das ações dos personagens) é o seu *TEMA*. O tema é a mensagem escondida na sua história — você contou sobre robôs lutando, mas o que quis dizer com isso?

Se você acha que sua história não fala nada sobre as suas convicções, ou você colocou isso lá e nem percebeu, ou só escreveu uma colagem de acontecimentos. **Nós agimos de acordo com o que acreditamos**. Então, pode apostar que os seus personagens vão refletir isso de alguma forma. Se tem dúvidas, imagine o protagonista da sua história numa cena em que ele está adorando comer alguma coisa que você odeia.

Sabe quanto vai ser difícil escrever essa cena?

Agora, se isso já foi difícil, pense quanto do que você acredita, gosta e se identifica seus personagens devem estar absorvendo sem você nem perceber.

O tema vai ser impresso na sua história de alguma forma, então é melhor que seja INTENCIONAL. Pense no que ela quer dizer de uma maneira geral e defina essa mensagem. Então, reveja tudo, pra que cada elemento da narrativa evidencie esse tema. Assim, você vai ter certeza de que quem decidiu o que a sua história diz foi você, e deixa menos margem pras interpretações erradas.

Para deixar claro tanto pra você quanto pro seu público **qual é o tema da sua história**, inclua a mensagem nas falas ou nos pensamentos dos seus personagens logo no início.

Por exemplo: *Gladiador* é sobre um ex-general que quer vingar a esposa e o filho, mas só consegue vencer seu inimigo quando aceita lutar para transformar Roma numa república novamente, em vez de só conseguir vingança.

O **tema** de *Gladiador* é **"legado"** — a gente sabe disso não só porque o protagonista vence ao deixar de lado a vingança pessoal e lutar pelo futuro de Roma, mas porque no início do filme ele faz um discurso pro exército em que diz...

Interestelar é um filme sobre a vida após a morte — é a história de um homem que parte rumo ao desconhecido e se comunica com a própria filha lá do mundo dos mortos.

Eles contrataram todos os astrofísicos do mundo pra garantir que o filme estava cientificamente correto, mas o tema é completamente sobrenatural. Tudo naquela história tem ***texto*** (astronautas, física, espaço) e ***subtexto*** (morte, fantasmas, paraíso) — tudo parece uma coisa, **mas** fala sobre outra.

Histórias são um conjunto de cenas e personagens unidos por um tema — a sobreposição do **texto** e do **subtexto** é o que cria o significado da história.

HISTÓRIA = TRAMA + TEMA (TEXTO + SUBTEXTO)

É como um sorvete de flocos: as **cenas (trama)** são os flocos de chocolate, e o **subtexto (tema)** é o sorvete de creme — sem a trama, é só um sorvete bem sem graça; mas sem tema, nem é um sorvete.

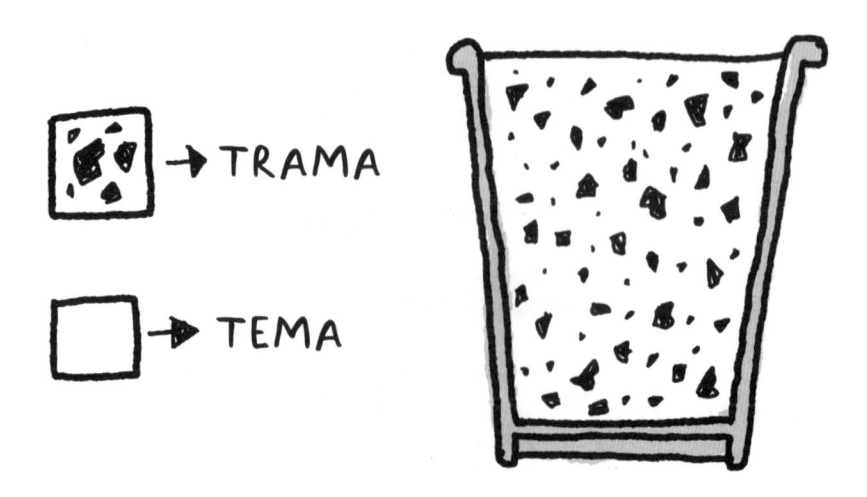

O TEMA não é a "moral da história". Você não precisa ensinar nada quando quiser contar histórias sobre elfos brigando com anões, garotas roubando bancos ou animais se apaixonando na floresta. Mas as histórias que nós escrevemos *refletem* nossa experiência, nossas vontades e nossas opiniões. Então, mesmo que você não queira transmitir uma mensagem por meio da sua história, preste atenção no que acontece nela.

Quem é recompensado e quem é punido? O que essas personagens fizeram para merecer as consequências? E o que isso diz sobre o que é certo ou errado na narrativa? O que diz sobre as experiências que você quer comunicar para o resto do mundo?

O QUE A SUA HISTÓRIA DIZ SOBRE VOCÊ?

5
heróis

¡¡AVISO IMPORTANTE!!

As palavras "**herói**" e "**vilão**" usadas neste livro são péssimas. Elas vêm de histórias muito simples, em que um personagem é bonzinho e o outro é malvado, os dois brigam e *pew pew pew*, aí o bonzinho vence e o malvado se dá mal.

"**Herói**" e "**vilão**" são DEFINIÇÕES SIMPLES DEMAIS pra descrever personagens em histórias mais complexas. Nós vamos usar essas palavras mesmo assim, porque elas são fáceis, simples e curtas. Pense nelas como alternativas pra qualquer conceito mais amplo, como "adversários" ou "forças opositoras".

Se você pensar "Meu livro é complexo e sutil! Eu não tenho heróis e vilões igual a um gibi de lutinha pra crianças! **ESSE LIVRO É UMA ENGANAÇÃO!**", **lembre-se: eu concordo**. E você está livre pra definir a função de cada personagem na sua história como quiser. A gente vai usar essas palavras porque servem como ótimos atalhos pra significados mais complexos. E porque eu quis escrever menos. Obrigado pela compreensão. Seguimos...

O protagonista de uma história é aquele que leva a narrativa adiante; o herói que realiza GRANDES FEITOS e TRANSFORMA O MUNDO AO SEU REDOR.

Ele é assim:

O problema é que nós que estamos assistindo só vamos investir nossas emoções em alguém com quem a gente se identifique, alguém que se pareça com a gente... Alguém assim:

Então, vamos rever esse conceito: **QUEM é o protago-nista da história?**

*O protagonista da história somos **nós**.*

A história serve para nos contar alguma coisa, mas nós só vamos ouvir se, de alguma forma, aquilo estiver aconte-cendo conosco.

O que quer dizer que o seu protagonista tem que ser... um perdedor completo.

Temos um sentimento chamado *EMPATIA*, que nada mais é do que se colocar no lugar de outra pessoa (ou animal, ou... coisa, *qualquer* coisa).

Se o seu protagonista for alguém bom demais pra ser verdade, eu não vou me identificar com ele: **alguém sem fraquezas, sem inseguranças, que não tem os problemas que eu tenho nem se relaciona com as coisas que eu vivo.**

Já se o seu protagonista for um perdedor fracassado...

... aí nós nos identificamos e ficamos tristes por ele — e isso é tudo o que você quer: que o seu público se coloque no lugar do seu protagonista. **Todo o envolvimento, todo o investimento emocional vem dessa relação.**

Ok, seu protagonista não precisa ser um completo inútil — na verdade, ele pode até ser incrível —, mas você precisa humanizá-lo. Se ele for apresentado como uma criatura superforte, popular e a pessoa mais bonita da face da Terra...

... dê algum MOTIVO pra gente gostar dele.

Se gostarmos do seu herói, se nos colocarmos no lugar dele, se nós *formos* o seu protagonista, vai ser praticamente impossível a gente se distanciar e torcer pra ele se dar mal.

Agora que você entendeu isso, vamos ao que interessa:

... ainda não.

O que interessa é como esse protagonista se encaixa na sua história. Não importa quanto a gente gosta dele, se ele não se insere no conceito, na trama e no tema, o personagem não serve pra essa narrativa.

EM PRIMEIRO LUGAR, o seu herói tem que combinar com o seu conceito: assim como a intenção e o obstáculo precisam ser proporcionais, o protagonista precisa estar alinhado a tudo na sua história.

$$CONCEITO \rightarrow \frac{INTENÇÃO + TÁTICAS}{} \rangle \; OBSTÁCULO \rightarrow TRAMA$$

$$\underbrace{\hspace{6cm}}_{TEMA}$$

Agora vamos imaginar a história do Pudim Assassino. (Para esse exemplo, nós vamos fazer de conta que o Pudim é o vilão — ainda que um personagem com essa profundidade dramática claramente mereça ser o protagonista.)

Se o eixo da sua história inclui um pudim assassino, não tem por que o seu herói ser uma veterinária.

Mas pode ser uma confeiteira — a única capaz de deter uma sobremesa fora de controle é uma chef encarregada de doces.

Não quer dizer que a ligação precisa ser tão FORTE e ÓBVIA. O protagonista de *Dragon Ball* poderia ser qualquer pessoa com um desejo impossível, mas o Goku não quer nada — ele embarca nessa aventura porque uma das esferas pertencia ao seu avô e é muito especial pra ele.

NÃO IMPORTA quão óbvio ou sutil, faça com que o seu protagonista esteja ligado a *todos* os elementos da sua história. Afinal, é a história do herói que estamos acompanhando — se alguma coisa não tem nada a ver com ele, não tem por que estar ali.

Muito bem! O seu herói é nossa pessoa favorita e você já garantiu que ele está relacionado a tudo na sua história. **O que ele faz agora?**

Bom, existe uma lista de coisas que ele tem que fazer...

Idealmente, pra ser um herói, o seu protagonista **precisa**:

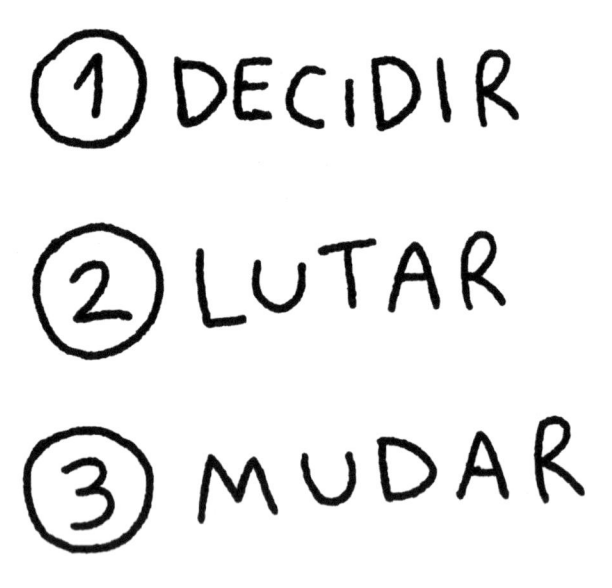

1. ELE PRECISA TOMAR DECISÕES SOZINHO

O seu herói é dono do próprio destino. Ele pode ser um pau-mandado no começo da história, mas logo será obrigado a fazer as próprias escolhas e mudar de vida.

O protagonista vai se deparar com situações que o *forçam* a tomar essas decisões. Ele não acorda um dia e resolve fazer coisas — as encruzilhadas aparecem, e cada caminho que decide seguir tem um preço. Ele precisa escolher entre continuar levando a vida medíocre que já tem, ou virar a pessoa que sempre quis ser (e pagar o preço por isso).

Quanto mais decisões o protagonista for forçado a tomar, mais nós vamos conhecer quem ele realmente é.

Por exemplo, se uma princesa precisa salvar um rei que foi sequestrado, decidir salvá-lo é fácil.

Depois que ela começa a jornada é que as decisões vão ficando complicadas — o preço a se pagar pra cumprir essa missão vai ficando mais e mais alto.

Vamos dizer que o seu herói é um cara tentando impressionar uma garota que ama cãezinhos, mas ele odeia animais: jogue mil cachorros insuportáveis em cima dele — quanto mais cocôs e mordidas seu protagonista enfrentar sem chutar nenhum cãozinho, mais ele prova que realmente faria tudo por ela.

O herói só é um herói
quando a intenção é mais
importante que ele mesmo.

2. O SEU HERÓI PRECISA LUTAR PARA VENCER OS OBSTÁCULOS

O protagonista já é uma boa pessoa só por optar pela aventura — essa escolha nos diz quanto ele é altruísta e corajoso. Mas os obstáculos vão fazê-lo questionar essa decisão, e ele precisa seguir em frente para alcançar o objetivo e se tornar um herói de verdade.

Só ele pode pagar o preço de percorrer essa jornada: se outra pessoa lutar no seu lugar, ou se alguma solução cair do céu, ele deixa de ser um herói.

O seu herói precisa ser **inteiramente** responsável pela vitória — ela deve ser consequência das decisões tomadas por ele e das táticas desenvolvidas no caminho.

Pense que a intenção é fincar uma bandeira no topo do Everest. Então, o obstáculo é subir o Everest: o herói *PRECISA* escalar a montanha. Ninguém pode fazer isso no lugar dele; ele não pode pousar de avião no topo, não pode ser carregado por outras pessoas até lá e não pode rolar teletransporte.

Claro, ele pode receber ajuda: alguém pode trazer um tanque de oxigênio, ou ajudá-lo a se levantar quando cair. Mas é o protagonista que tem que chegar lá e fincar aquela bandeira.

3. Ele precisa ser capaz de mudar

O seu herói era um fracassado. Ele decidiu embarcar numa aventura, enfrentou seus medos e venceu obstáculos até o seu destino. O personagem que nós conhecemos no início da história é diferente daquele que chega ao final: ele viveu façanhas, conheceu pessoas, sofreu e aprendeu coisas.

Ao final da história, ele tem uma nova visão do mundo e de si mesmo — uma que o permite mudar. **E essa transformação é a história.** Nós estamos vendo a jornada de uma personagem que tinha problemas, desejos e anseios. Ao final, ela consegue conquistar, corrigir ou resolver essas questões e se transformar durante o processo. MAS se essa protagonista é capaz desses feitos, por que ela não conseguiu fazer isso antes? O que a estava impedindo?

A gente falou sobre **intenção** (o desejo que as personagens têm) e sobre **táticas** (as habilidades que possuem), mas tem mais um ingrediente fundamental na construção e no crescimento dos heróis: a gente vai chamar isso de "**falha**".

FALHAS são, basicamente, a forma como o protagonista duvida de si mesmo. **Por exemplo:** imagine que o sonho de alguém é escalar uma montanha, mas, sabendo das dificuldades, a pessoa acha que nunca vai conseguir.

E a questão é que, apesar de ser **difícil**, não quer dizer que seja **impossível**. A falha de um protagonista é acreditar que não é capaz antes mesmo de tentar. Isso acontece com a gente também, mas antes que coloquem esse livro na seção de autoajuda, vamos focar nos personagens...

Personagens têm desejos difíceis de realizar, mas táticas capazes de ajudá-los. Como duvidam de si mesmos, ou seja, têm essa *FALHA*, eles acabam nem tentando. E é esse momento de decidir tentar e enfrentar os medos — até finalmente conseguir — que forma uma história. O conflito começa quando o protagonista resolve bater de frente com o impossível, quando não aguenta mais ficar parado, quando continuar onde está é pior do que lidar com as consequências de correr atrás dos seus sonhos.

Decidir ir em frente não significa que a personagem agora acredita ser capaz, só quer dizer que ela aceitou os riscos. Porque mesmo com as táticas certas para resolver o problema, não é isso que vai tornar as coisas fáceis.

Por exemplo: você pode segurar uma espada, saber falar e ter um lápis... mas enfrentar monstros, se declarar para o seu grande amor e escrever histórias continua sendo difícil. É por isso que mostrar *como* um herói enfrenta e vence os obstáculos talvez seja o maior segredo de uma boa história. Por trás dessa dinâmica, está a relação entre a INTENÇÃO, as TÁTICAS e a FALHA.

Um bom exemplo disso é a história do Roger Bannister: em 1954, todo mundo achava que não dava pra correr uma milha (1,6 km) em menos de quatro minutos. Mas esse cara disse "eu acho que dá, hein...". Então, ele foi lá, treinou um monte e correu uma milha em menos de quatro minutos.

As pessoas achavam que era *fisicamente impossível* fazer isso. Correr 1,6 km em menos de quatro minutos estava na mesma categoria de "criar asas e sair voando até a Lua". Todos os atletas que tentaram antes dele tinham as mesmas táticas e a mesma intenção. Mas Bannister não tinha uma falha que todos tinham: ele acreditava no que todo mundo duvidava.

As táticas ajudam o herói a vencer os obstáculos, mas só se ele der um jeito na falha. Se uma amazona tenta enfrentar um dragão, ela pode ter um machado que transforma dragões em queijo... mas se tiver tanto medo que não consegue nem chegar perto da criatura, vai ser difícil vencer.

É fácil falar disso em termos de armas e monstros. Como funciona se você estiver escrevendo um drama com gente normal?

Se a gente pensar nos protagonistas Nick e Charlie no começo de *Heartstopper*: são dois meninos que se gostam, mas que têm muito receio de expor seus sentimentos. Tem tanto medo, vulnerabilidade e vergonha envolvidos nas consequências disso que é melhor nem tentar, nem acreditar que é possível, nem falar disso com ninguém.

Então, QUAL É A INTENÇÃO DESSES PERSONAGENS??? Qual é o desejo deles?

A intenção dos protagonistas em *Heartstopper* é
"AUTENTICIDADE".

Eles querem ficar juntos, gostam um do outro. O obstáculo não é o medo de levar um fora ou de acabarem sozinhos — é o de agir de acordo com o que estão sentindo. O obstáculo do Nick e do Charlie é conseguirem ser autênticos — cada um do seu jeito.

Por exemplo: o Charlie já saiu do armário, toda a escola sabe sobre ele. Mas ele é supertímido, sofreu um monte de bullying e, apesar de ter contado a verdade sobre quem é, prefere permanecer invisível, duvidando que as coisas vão dar certo pra ele. O Nick, por outro lado, é extrovertido, simpático, expansivo, fala com todo mundo, demonstra tudo o que sente, é superconfiante e popular. Mas quanto mais ele convive com o Charlie, mais seus sentimentos vão criando uma confusão sobre quem ele é ou o que quer.

Existe uma diferença entre quem eles são e quem parecem ser. Uma lacuna entre o que **sentem** e o que **demonstram**. Isso acontece com a maioria dos personagens, e é nessa diferença que a gente encontra o espaço entre a INTENÇÃO e a FALHA de cada um.

Um é tímido e desconfiado, enquanto o outro é expansivo e confiante.

Mas enquanto um está totalmente ciente de quem é, o outro ainda está se descobrindo.

Ou seja: o desejo dos dois é ser autêntico, viver de acordo com o que estão sentindo, com o que querem, com quem eles são. Mas o OBSTÁCULO é o medo: o receio de demonstrar, de revelar, de se abrir e ter que encarar as consequências. Eles têm relações, seguranças e certezas que talvez sejam de quem *parecem* ser e não de quem *são*.

O mais interessante dessa história é que eles se completam nas incertezas: o Charlie é seguro dentro de si, mas inseguro no mundo lá fora; o Nick é superseguro no mundo lá fora, mas está duvidando de quem é internamente. Então, quando um olha pro outro, eles veem uma segurança que gostariam de ter, mas sentem um risco que querem evitar.

Portanto, o desejo dos dois é ser AUTÊNTICO, e a falha dos dois é o medo das consequências — a ideia de que, se agirem como o coração manda, se disserem a verdade, se forem genuínos... tudo vai dar errado. Então, que táticas eles têm? Nada em *Heartstopper* é resolvido com lutas, poderes mágicos, competições esportivas ou grandes feitos. É uma história sobre duas pessoas normais com problemas normais. As táticas que eles têm pra resolver esses problemas são simplesmente: mostrar e esconder.

Em cada situação, esses personagens precisam ESCOLHER quanto vão demonstrar o que sentem ou não. Se a história é sobre ficarem juntos, sempre que são autênticos, eles se aproximam; e sempre que se escondem, se afastam. De pouco em pouco, eles se tornam verdadeiros consigo mesmos, um com o outro e, então, com as outras pessoas. Até que, por fim, não existe mais uma diferença entre quem eles são por dentro e quem são por fora.

A falha no herói é algo que só pode ser preenchido por alguma coisa que está lá fora, alguma coisa difícil de encarar, que vai mudar a forma como ele se enxerga antes de mudar a forma como ele se comporta. **Por exemplo:** em *Pantera Negra*, o T'Challa é herdeiro desse reino cheio de tesouros chamado Wakanda, que está escondido do mundo há muito, muito tempo. E ele leva esse papel muito a sério

— arrisca a própria vida para defender os ideais do seu lar e aguarda ansioso pra proteger o legado que o pai deixou.

Mas aí chega esse cara chamado Killmonger, que também é um herdeiro do reino. Ele veio de fora, onde toda a riqueza de Wakanda não chega, o que fez com que a vida dele fosse muito diferente da vida que o T'Challa teve no conforto da casa do papai. Então, a opinião do Killmonger sobre o dever de liderar o reino é outra.

Os dois discordam um do outro e, no final, ganha aquele que entender que o bem do coletivo é o mais importante. A questão é que o T'Challa achava que já estava fazendo isso. Só depois de confrontar a perspectiva de quem viu o mundo do outro lado é que ele entende que liderar não é "herdar o papel de líder", mas tomar decisões e agir de acordo com o que se acredita. É assim que ele muda.

É difícil mostrar pro mundo quem somos de verdade; é difícil subir a montanha, mesmo com o equipamento correto; e é difícil questionar os nossos deveres de acordo com os nossos valores, em vez de simplesmente fazer o que todo mundo tá fazendo.

Heróis são pessoas capazes de realizar grandes feitos pelo bem comum, munidos das táticas certas para lidar com um GRANDE OBSTÁCULO. MAS para conseguir, primeiro eles precisam acreditar neles mesmos MAIS do que acreditam nesses desafios.

6
vilão

A cara da sua história é o seu herói — ele vai viver experiências no lugar do público e enfrentar questões complexas para revelar o tema da sua história (e a sua visão de mundo).

Mas para ser confrontado por situações que o questionam e o forçam a tomar decisões, ele precisa de desafios.

Se você estiver escrevendo a história de alguém que quer muito um almoço, os obstáculos podem ser a preguiça de cozinhar, ou a falta de ingredientes... Mas se você tiver mais gente na sua história, os desafios podem tomar a forma de outro personagem que está ali só pra complicar a vida do herói: um vilão.

Agora... eu estou usando a palavra "vilão", mas o que você quer mesmo é um "adversário": **mais que um OBSTÁCULO, ele é uma FORÇA OPOSITORA.**

Por exemplo: se a sua heroína é a Madre Teresa, o adversário pode ser um cara que cutuca ela o tempo todo, falando "hahaha" sem parar...

... até ela dizer...

... e aí o vilão pode falar: **"Uau, parece que você não era tão boazinha assim, hein...?"**

O vilão é como um teste pro seu protagonista. Ele está lá pra empurrar o protagonista pra longe dos objetivos com tanta força que o herói se questiona se quer mesmo aquilo.

Pense na sua história como um debate: cada elemento é um argumento diferente.

Cada personagem representa um lado desse argumento. Se um dos seus personagens não representa um argumento no debate, ou tire ele da história, ou reescreva até que ele faça parte dessa disputa.

Se você está escrevendo um faroeste sobre uns caras roubando um banco, está perguntando:

"Será que roubar bancos é a resposta para os nossos problemas?"

Quando você faz essa pergunta, está perguntando pro seu público:

AUTOR
Ei, será que a gente
devia roubar bancos?

PÚBLICO
Uau, não sei. Isso certamente
é relevante para a minha vida.
Resolveria muitos dos meus problemas.
Será que a gente devia…?

AUTOR
Leia esta história
e vamos descobrir!

Se a sua história é uma pergunta, um dos seus personagens representa o "SIM" e outro representa o "NÃO".

Caso o vilão seja o "não", o herói representa o...

O herói é o *"TALVEZ"*.

Se o adversário é o "não", por que diabos o herói não seria o "sim"? Porque nós estamos falando da *relação* entre os personagens e o tema, não entre um personagem e outro.

Lembre-se: o herói é o público. O herói somos nós — e nós estamos acompanhando essa história para descobrir a resposta para a pergunta que você escreveu.

AUTOR

Leia esta história

e vamos descobrir!

É por isso que o herói é o "talvez" — ele *acha* que "sim" (se achasse que "não", não embarcaria na aventura), mas ele (assim como nós) ainda não sabe. Pode ser que "sim". Portanto, ele é o "talvez".

Se o herói tiver um mentor — alguém que manja dos paranauê e guia ele pela aventura —, ele pode ser o "sim".

sim!

NÃO É O HERÓI DA HISTÓRIA

Então, se a sua história pergunta se a gente devia roubar bancos, **nós** (o público) vamos assistir o **herói** (nós mesmos) roubando bancos pra ver se essa é a resposta pra sua (nossa) vida.

QUEM É O ADVERSÁRIO?

Já que é um faroeste, vamos imaginar que o vilão é o xerife corrupto da cidade...

POIS É: se a história pergunta "será que a gente devia roubar bancos?" e o herói é sempre o "talvez"... ele não pode ser o xerife — afinal, o xerife já tem uma posição muito clara sobre esse assunto: porque o xerife *combate* o crime. Se perguntar o que ele acha de roubar bancos, o cara *precisa* dizer "não".

Mas quem tem uma opinião imutável sobre crime não é o xerife — é o *cargo* de xerife. É dever daquele cargo combater o crime. Se o homem que precisa combater o crime tiver dúvidas sobre isso, ele se torna o "talvez". **E isso deixa as coisas mais interessantes:** o que levou o xerife a questionar a legitimidade de atos criminosos? E se o sistema for corrupto? Quanto mais COM-PLEXAS forem as respostas para a sua pergunta (o seu tema), MELHOR.

O seu herói embarcou numa aventura para responder uma pergunta para a qual ele acha que a resposta é "sim". O seu herói representa o "talvez" nesse debate, mas ele *acha* que "sim".

Ele tem essa opinião e, se você perguntar pra ele num dia qualquer, ele vai te dizer que SIM. Mas, assim como acontecerá com a nossa, a convicção dele vai ser testada **de novo** e **de novo**. Quem vai testar a nossa opinião sobre o assunto é alguém que tem uma crença TÃO FORTE quanto a nossa.

Se o herói acha que "sim", o vilão acha que "não". A diferença entre eles é que só um é capaz de mudar — não importa o que aconteça, o vilão ainda vai achar que "não". **A menos que** você esteja contando o arco de redenção de um vilão: aí, **quem muda é ele**.

O que eu quero dizer com isso é que nós todos temos OPINIÕES FORTES... mas sabemos que existem outras prioridades na vida.

Duas mulheres pediram pro rei Salomão decidir quem era a verdadeira mãe de um bebê. Logo, a mãe da criança é a protagonista da história. Nós somos uma das mulheres, mas ainda não sabemos qual. Nos identificamos com a relação entre mãe e bebê, então, a princípio, somos as duas mães.

O tema dessa história é "honestidade": qual das mães está mentindo?

E a resposta não só conclui um mistério como define quem é o herói e quem é o vilão da história.

O rei Salomão decide que a mãe verdadeira nunca ia querer que o filho fosse cortado ao meio — o herói é aquele capaz de mudar. Depois de ter os limites da sua convicção testados por todas as possibilidades da situação, o herói é capaz de enxergar a falha nele mesmo e tomar novas decisões.

Ela queria o bebê porque ela é a mãe dele e quer protegê-lo de todo o mal. Mas prefere abrir mão do filho e saber que ele está vivo do que deixá-lo morrer.

O papel do vilão é exatamente este: pressionar o herói a tomar decisões extremas, a tal ponto que o protagonista terá que rever os seus conceitos e aceitar que o que achava que queria pode não ser o que realmente quer. A mãe do bebê *queria o seu filho*, mas depois que todas as outras opções se esgotaram, ela descobre que, na verdade, quer *o bem do seu filho*.

O verdadeiro herói é aquele que nunca desiste — não importa quanto seja pressionado, ele resiste até o fim.

Heróis são uma rocha, mas nós precisamos ver como é difícil ser assim — é isso o que o vilão mostra.

125

Vamos dar uma olhada nesses caras aqui:

Apelido: morcego, vampiro das sombras

Identidade visual: maldade no coração

Missão: espalhar o terror nos inimigos

Humor: péssimo (não sorri nem pra crianças)

Look do dia: preto, gótico

Intenção: proteger Gotham

Táticas: bumerangue na cara, murro na boca, interrogatório violento, voz sinistra, chute no saco

Obs.: acredita que as pessoas são boas

o Joker, curinga, o palhaço

Apelido: bobo da corte, animador de festa

Identidade visual: alegria de viver

Missão: ver o circo pegar fogo (hãn, hãn)

Humor: curtindo a vida adoidado

Look do dia: vocalista do Teatro Mágico

Intenção: tocar o terror

Táticas: facada na cara, bomba na boca,
rir na cara do perigo, voz
sinistra, chute no saco...

Obs.: sabe que todo mundo é ruim e que
todo mundo se odeia

O Batman e o Coringa são opostos tanto na intenção quanto na representação, o que os torna equivalentes em praticamente tudo.

O fato de serem antagônicos cria um equilíbrio entre os dois. Eles são dois polos de um mesmo eixo, e é isso que faz deles inimigos tão marcantes: **são respostas diferentes para uma mesma pergunta.**

"O que fazer se a sociedade está perdendo o controle?"

O seu vilão (o seu adversário, o centro dos seus obstáculos, a força opositora na sua história) precisa ser **equivalente** ao herói, porque ambos estão reagindo ao tema que você está propondo.

Os Jedi e os Sith são ambos guerreiros que usam "A Força" e empunham sabres de luz, mas encaram e usam esse poder de maneiras opostas.

Tanto o Super-Homem como o Lex Luthor discutem como lidar com o poder: um tem todo o poder do universo e só quer ficar de boa e proteger as pessoas; o outro não tem superpoder nenhum e faz de tudo pra dominar o planeta.

Lembre-se: TODOS os personagens são uma resposta à pergunta que a sua história propõe. E o seu vilão precisa ser a PIOR de todas.

O vilão é a versão do seu protagonista que tomou todas as decisões erradas — se o herói escolheu ser generoso, o vilão escolheu ser mesquinho; se o herói foi corajoso, o vilão teve medo; se o herói quis criar ordem, o vilão incitou o caos.

Enquanto o vilão representa o EXTREMO oposto das escolhas que o herói acaba fazendo, os outros personagens da história também são versões alternativas de quem o protagonista poderia se tornar — dos caminhos pelos quais as suas decisões podem levá-lo.

E para isso, nós precisamos falar de *Star Wars*.

Em *Star Wars* (o primeiro, de 1977, nenhum outro), Luke é um rapaz que vive na fazenda, fantasiando com uma vida de grandes feitos e incríveis aventuras. Ele sonha com um mundo em que escapa das barreiras do lugar onde vive e, em vez de ouvir histórias emocionantes, faz parte de uma.

Um dia, Luke ouve um pedido de socorro e vai ajudar a pessoa em perigo. Ele, que vivia tranquilo na fazenda, agora vai entrar no meio de um conflito muito maior do que imagina. Se antes estava preocupado com os dias de folga, agora vai dar de cara com gente que tá por aí explodindo planetas!

Acontece que era com isso que o Luke vivia sonhando: queria fazer mais, viver aventuras, conhecer o mundo lá fora. Ele queria explorar todo o seu potencial. E esse é o tema do filme.

Star Wars fala sobre o que fazer com o seu potencial, e cada personagem que o Luke encontra pelo caminho é uma resposta para essa questão. Todos realizaram o sonho que ele tinha de sair por aí vivendo aventuras, fazendo o que quiser, tomando as próprias decisões e agindo de acordo com elas. Diante dos mesmos conflitos, cada pessoa escolheu lidar com o universo de um jeito diferente: corajosos ou medrosos, ansiosos ou calmos, egoístas ou altruístas, bonzinhos ou cruéis, independentes ou submissos.

Mas o importante é que cada um explorou o mesmo potencial que o Luke tinha no começo da história. Ele era só um rapaz morando na fazenda, num planeta onde não acontecia nada; ninguém diria que aquele era o piloto que ia salvar a galáxia de uma arma mortal.

Aí ele encontra um robô que era igual a ele — parecia só um aspirador de pó, mas na verdade era um intrépido aventureiro, que se lançou numa missão de socorro sem pensar duas vezes.

Depois, o Luke conhece um velho recluso que, na verdade, era um grande guerreiro; um cafajeste egoísta que tem um coração bom; uma princesa em perigo que, secretamente, lidera um exército; e um cara muito malvado e assustador, mas que por dentro é só uma pessoa traumatizada sendo manipulada por um velho malvado de verdade.

(No outro filme, ainda tem um fantoche engraçado que, na verdade, é um sábio mago superpoderoso.)

HISTÓRIAS são sobre pessoas querendo alguma coisa e não conseguindo. Como essas pessoas decidem ir atrás dos seus objetivos conta muito sobre quem elas são. Quem encontram pelo caminho mostra quem elas poderiam ser. E o que fazem até o final da história revela quem elas se tornaram.

O HERÓI, o VILÃO, TODAS AS PERSONAGENS no caminho, os OBSTÁCULOS e como eles são contornados, a SEQUÊNCIA DOS EVENTOS na sua história... Tudo precisa trabalhar junto pra formar, na cabeça do leitor, a VISÃO que você teve quando decidiu escrever.

RESUMINDO:

- Escreva um herói que tem um grande desejo sem o qual a vida dele não faz sentido.

- Faça ele agarrar a oportunidade que surgir na frente dele.

- Faça ele enfrentar grandes obstáculos por querer mudar de vida.

- Coloque em seu caminho um vilão que seja o oposto de tudo o que o herói está tentando provar e conseguir.

- Mas recompense o seu herói com sabedoria e novas habilidades.

- Quando chegar a hora de voltar para o mundo real, veja o que o seu herói vai decidir fazer com todo o conhecimento que adquiriu.

- A decisão final do seu personagem, em contraste com tudo o que ele viu, decidiu e viveu, é o tema da sua história.

parte II

estruturas

7
a lei

Um bêbado entra numa igreja no México durante a missa.

Ele chega tocando um violão e usando um sombreiro, e caminha em direção ao altar.

Conforme o bêbado passa pelas pessoas, elas sussurram pra ele: "Señor, el sombrero!", lembrando que não se deve usar chapéu dentro da igreja.

O bêbado acena com a cabeça, mas não tira o chapéu.

Mais uma pessoa chama a atenção dele: "Señor, el sombrero!".

O bêbado acena mais uma vez, mas continua com o sombreiro na cabeça e segue em frente tocando o violão.

"Señor, el sombrero!"

"Señor! El sombrero!!!"

Ele acena para todo mundo e segue em frente. Quando o bêbado chega perto do altar, o padre desiste de rezar a missa e encara o homem que continua se aproximando.

Todo mundo está indignado.

O bêbado sobe os degraus e fica de frente pro padre.

Ele para de tocar o violão.

Ele se vira para a paróquia e anuncia:

— A pedido de todos, yo voy a tocar…

Escrever histórias é uma arte. MAS ela tem regras. As regras de uma história são:

Começo, meio e fim.

Tudo que você precisa fazer para compor uma história é INTRODUZIR, DESENVOLVER e CONCLUIR. Nada menos que isso. É tudo o que vimos e que ainda vamos ver — neste livro são pequenos detalhes sobre como fazer cada uma dessas partes funcionar melhor. Mas todas **PRECISAM** estar lá.

Essas regras não existem para vender ingressos de filmes da Marvel ou comédias românticas — existem porque é assim que nós contamos histórias, desde sempre.

Histórias entretêm e informam, divertem e argumentam. Se você quer informar, precisa saber como divertir, como MANTER o público ATENTO.

Pra isso, você precisa saber como funciona a estrutura de uma história.

Quando alguém te diz...

```
Um bêbado entra numa igreja no México
durante a missa.
```

... o seu cérebro imediatamente sabe um monte de coisas. A **primeira** delas é "isso é uma história". Desde o primeiro momento, histórias bem escritas dizem "senta, eu vou te contar uma coisa", "isso é o *começo* de algo".

A **segunda** é que a história que estão te contando é uma piada. Isso porque a estrutura inclui fórmulas próprias de um gênero: "alguém entra em algum lugar" é o começo de uma piada; já "era uma vez", de um conto de fadas.

Quando a gente falou sobre encontrar os elementos comuns ao gênero da sua história, eram coisas assim — ninguém começaria essa piada dizendo "era uma tarde ensolarada em uma cidade no México".

Essa frase tem outro elemento importante: *a cena começa no último momento possível.*

A história começa quando esses elementos contrastantes entram em rota de colisão: nada acontece assim que o bêbado entra na igreja, mas existe a promessa de um conflito.

elementos contrastantes

Um bêbado entra numa igreja no México

promessa: isso não vai acabar bem

Nesse caso, não tem por que começar a história quando o cara ainda está em casa, ou quando ele começou a beber, ou quando ele ficou bêbado... A história começa quando os elementos conflitantes se aproximam.

"No México" diz onde a história se passa, mas nós só recebemos essa informação porque ela é EXTREMAMENTE IMPORTANTE.

Na história, o protagonista usa um *sombreiro*.

Ele poderia usar um sombreiro em qualquer lugar do mundo, mas só no México existe a chance de que o acessório seja só um chapéu comum.

O último elemento é "durante a missa", e nós só recebemos essa informação porque ela também é essencial: representa o *risco*. Se um bêbado entrasse numa igreja vazia, a chance de nada acontecer é muito maior. Mas uma cerimônia extremamente séria é um campo minado para um bêbado. O CONFLITO está em TODA PARTE.

Isso tudo é o PRIMEIRO ATO da história. Na versão econômica das regras, esse é o *COMEÇO*: **o autor introduz todos os elementos que sugerem conflito.**

Mas aqui o autor também promete um *clímax* para a narrativa: quando diz "um bêbado entra na igreja", cria uma *imagem obrigatória.*

Se você conta sobre um dragão que sequestra uma princesa dos braços de um cavaleiro, nós imediatamente imaginamos o momento em que o cavaleiro vai matar o dragão e salvar a princesa.

Ele não pode ignorar o que aconteceu e virar um pescador: algo deformou a ordem no seu mundo — ele **PRECISA** consertá-lo.

O SEGUNDO ATO (*o meio*) é quando o conflito se desenvolve. Se o primeiro ato coloca os elementos em ação e promete uma colisão — o bêbado e a igreja vão bater um contra o outro, e esse é o único desfecho possível para essa história —, o segundo ato mostra o caminho que esses elementos percorrem até que se choquem.

O segundo ato dessa história é o percurso da colisão entre o protagonista e o antagonista: o bêbado caminha pela igreja até o altar.

O primeiro ato promete um desfecho: "um bêbado entra na igreja" pressupõe que o fim da história envolve esses dois batendo de frente. E **o segundo ato conta como vai ser esse desfecho**. Nesse caso, o desenvolvimento são as pessoas alertando o bêbado sobre o chapéu.

Isso expressa que o chapéu vai ser o elemento mais importante na resolução do conflito — se não fosse, os personagens estariam chamando atenção para outra coisa.

Eles só falam do sombreiro, mas o violão também é extremamente importante. Então, cada vez que uma cena termina ("falam do chapéu, o bêbado acena..."), o autor nos lembra que tem um violão envolvido ("... ainda tocando o violão").

No segundo ato, os elementos apresentados no começo se aproximam, e o conflito entre eles aumenta, preparando o cenário para uma decisão inevitável sobre quem vai ganhar — o TERCEIRO ATO.

Os elementos são o bêbado e a igreja. O padre, que representa a igreja, ainda não entrou na história, mas as pessoas que alertam o bêbado sobre o chapéu também representam a instituição.

No argumento que compõe a sua história, eles estão do lado da igreja — todos os personagens são respostas para uma mesma pergunta.

O segundo ato, porém, contém um elemento estranho. Você sabe que o bêbado vai se comportar de maneira absurda dentro da igreja, mas quando as pessoas falam pra ele tirar o chapéu, ele não ignora ninguém: em vez disso, acena pra todos.

Se o bêbado está reconhecendo e absorvendo a mensagem da paróquia, por que continua andando sem tirar o sombreiro?

Ele quer sentar lá na frente e só então vai tirar o chapéu?

O que está acontecendo???

Quando o bêbado acena para as pessoas que o reprimem, o autor não só está preparando o terreno para a resolução da história, como também está criando um mistério na cabeça do público — por que o bêbado parece compreender a situação em que está?

Aqui, o autor cria suspense e conta qual vai ser a resolução da história numa cena só.

No terceiro ato, todas as perguntas são respondidas, tudo o que era estranho faz sentido e um dos lados vence. A história pergunta: *"e se um bêbado entrasse numa igreja?"*.

A resposta é: *"ele não sabe que entrou numa igreja"*.

Toda piada de bêbado precisa que ele entre numa situação extremamente séria e aja como se todo mundo estivesse de muito bom humor — **mas a história só funciona se o público NÃO puder prever o final**.

Quando o bêbado é alertado sobre o protocolo da igreja e não ignora o aviso, nós não sabemos o que vai acontecer, porque tudo o que podia ser feito para resolver o conflito foi: o bêbado entra na igreja, lhe dizem qual é o problema e ele parece entender.

Outra piada conta a mesma história, mas com outra roupagem:

tema: (e se...)   (?)

Um bêbado entra na igreja e começa a convidar todo mundo pra um churrasco que ele vai dar em casa. "Você aí, tá convidado! Você aí do lado também tá convidado!"

ATO I

conflito crescente

As pessoas que estão ali rezando pedem pra que o bêbado pare: "Shh...", "Shh...!", "SHIU!!".

ATO II

Mas o bêbado continua falando: "Vamos lá! Tá todo mundo convidado pro churrasco! Todo mundo!".

conflito final

adversário

Finalmente, o padre sai de dentro do confessionário e grita: "Senhor! Isso aqui é uma igreja!".

ATO III

resolução

O bêbado olha pra ele e diz: "Você aí que tava no banheiro — também tá convidado!".

resposta: ele não sabe onde está

Quando o meu pai me contou essas duas piadas, nenhum de nós pensou "UAU, esse é um ótimo template para demonstrar os mecanismos de uma história". A gente riu.

Isso significa que a narrativa funciona e, se ela funciona, é porque todos os elementos estão lá, e no lugar certo — o que faz dela um ótimo exemplo de como histórias funcionam.

Se você tirar qualquer coisa dessas histórias, elas não funcionam mais:

- Se você tirar o violão, a resolução não existe;

- Se a paróquia não reclamar, não tem conflito;

- Se não for numa igreja, o protagonista não está se arriscando;

- Se você tirar o padre, não existe um adversário definitivo;

- E se você tirar o sombreiro, as pessoas podem dizer "senhor, o violão!", mas "a pedido de todos, vou tocar o violão" não funciona tão bem para arrematar a piada.

Para que uma história funcione (para que prenda a atenção do público e ele se sinta recompensado no final), todos os elementos precisam estar no lugar.

Se você estiver escrevendo um romance de **OITO-CENTAS PÁGINAS**, muitas coisas podem estar sobrando e talvez até fugindo do tema da sua história, mas ninguém vai reparar tanto, porque o RITMO e o COMPRIMENTO da narrativa permitem que você acrescente elementos sobressalentes.

Mas quanto mais curta a sua história, mais concentrados os seus elementos e significados devem ser: o número de personagens, temas, cenários e atos nos 42 volumes de *Dragon Ball* e numa tirinha de jornal vai ser drasticamente diferente. Porém, ambas só funcionam se todos os elementos estiverem presentes.

Finalmente entendemos como todas aquelas coisas que aprendemos na primeira parte operam em conjunto, formando uma história — e vamos ver isso tudo de novo daqui a pouco. ANTES, vamos só parar pra fixar algumas coisas importantes que vimos até aqui:

HISTÓRIAS TÊM *COMEÇO, MEIO E FIM.*

- No *começo*, introduza o conflito e todos os elementos importantes para a trama.

- No *meio*, desenvolva o conflito, fazendo com que ele cresça até o limite para que...

- No *fim*, traga uma resolução para o conflito, usando os mesmos elementos citados no *começo*.

COMECE SUAS CENAS *O MAIS TARDE POSSÍVEL.*

Tão tarde que, se a cena começasse um segundo depois, já não seríamos capazes de entender nada.

CRIE UMA *IMAGEM OBRIGATÓRIA.*

Ao iniciar o conflito, faça de uma forma que não tenha volta. Daqui em diante, o protagonista precisa lidar com aquela situação até retomar o equilíbrio que foi arruinado pelo conflito.

TODO PERSONAGEM TEM *UMA FUNÇÃO.*

Cada um é uma resposta para a questão que a sua história propõe. Se algum personagem não representa um dos caminhos que o herói pode escolher, ou se ele está em dúvida sobre qual é a sua posição sobre o tema, faça-o ter uma posição clara ou tire-o da história.

... anotou tudo?

8

a lista

Há muito, **muito tempo**, quando o mercado imobiliário era composto de cavernas, a gente costumava sentar em volta de fogueiras. E como não existiam músicas do Legião Urbana pra tocar, a gente aprendeu a contar histórias.

Histórias eram um jeito ótimo de passar o tempo (também não existia internet com vídeos de gatinhos), mas elas também tinham a função de *instruir*. Ao redor do mundo, as pessoas criaram histórias emocionantes, que ensinavam lições valiosas: verdades universais que você podia usar na própria vida e curtir melhor seus dias na Terra.

Um tempão depois, a gente olhou pra essas histórias, que pessoas de lugares completamente diferentes estavam contando, e percebeu muitos pontos em comum entre elas. Cada uma vinha de culturas, costumes, povos e línguas superdiversos, mas as que fizeram sucesso — as que foram passadas de geração em geração — funcionavam todas da mesma forma.

Lista de pontos em comum em histórias
(da pré-história ao dorama):

1. começo, meio e fim;

2. ações e consequências;

3. alguém quer alguma coisa, mas não consegue;

4. conforto e desconforto (ou "E EU COM ISSO?!").

1. COMEÇO, MEIO E FIM

Existe um padrão e uma ordem pra como a gente se comunica com as outras pessoas. Se você chega em alguém e fala...

... ninguém vai saber do que você tá falando. Primeiro que bonés costumam estar na cabeça mesmo, mas que boné? Por que ele não estaria na sua cabeça? Por que é que você tá me contando isso? Mas vamos dizer que...

Eu estava andando na rua com o meu boné num lindo dia de sol, aí um morcego-vampiro passou voando e agarrou o boné, levando ele embora. Aí eu olhei pra cima e vi que o morcego também estava segurando uma xícara cheia de café. Uma mulher surgiu correndo do meu lado, gritando: "Meu café!". Ora essa, aquele morcego havia furtado outra pessoa e agora estava voando por aí com esses valiosos pertences. Eu precisava detê-lo! Mas como? Essa desconhecida e eu corremos atrás do bicho, sem saber como iríamos pegá-lo, até que um vendedor ambulante apareceu no caminho, vendendo armas a laser. Se a gente desse um tiro com elas no morcego, ele largaria nossas coisas, mas cada arma a laser custava um real, e eu só tinha algumas moedas. A mulher também tinha algumas. Contamos nossas moedas o mais rápido possível, porque o morcego estava cada vez mais longe. Infelizmente, só tínhamos 98 centavos, então pedimos um desconto pro vendedor, mas ele se negou e começou a palestrar sobre o livre mercado.

O morcego estava indo embora. Mal conseguíamos vê-lo, quando eu fiquei desesperado e gritei: "Moço, nós precisamos de uma arma a laser para pegar nossas coisas de volta daquele terrível morcego! Você não acredita em justiça?!". O vendedor mudou completamente de postura: "Justiça?! Só se for agora!", esbravejou. Então, sacou uma arma a laser e começou a atirar na direção do morcego-vampiro.

"Que sorte", nós pensamos, mas logo descobrimos que o moço tinha uma péssima mira, não acertou nenhum tiro. Além disso, o barulho dos lasers assustou uma moça que passava por ali, carregando um balde cheio de água quente. De tão assustada, ela derrubou a água na calçada. "Ah, não! Minha água!", a mulher gritou. A água nem formou uma poça no chão — de tão quente, evaporou na hora e formou uma grande nuvem em cima da gente. A nuvem foi ficando maior e mais escura. Logo, o dia não estava mais ensolarado, e sim nublado e horrível — só piorava! Ficou tão escuro que o morcego voltou falando: "Hmm, que escurinho maneiro! Eu adoro escuro!". Quando ele chegou perto da gente, gritamos: "Devolva nossas coisas, seu sanguessuga!", e o morcego riu da nossa cara e disse: "São minhas coisas agora, seus otários!". Bem nessa hora, a nuvem disparou um raio, que acertou o morcego em cheio. Ele soltou nossos pertences e saiu voando, meio tonto. Assistimos a xícara de café da mulher cair aos nossos pés e se espatifar no chão. Mas a mulher não ficou triste, só olhou pra mim, deu de ombros ("tudo bem, eu prefiro chá") e foi embora. Nessa hora eu lembrei: "E o meu boné?!", então olhei pra cima, procurando por ele. E o boné vinha caindo bem em cima de mim, e quando eu vi...

Se você contar essa história real* para alguém sem dizer tudo que aconteceu, sem narrar na ordem certa, ou simplesmente sair falando que o boné estava na sua cabeça, ninguém vai entender o que você quer dizer, porque nada vai fazer sentido pra quem está ouvindo. **A ESTRUTURA serve pra isto: organizar o que o leitor precisa saber para entender o que acontece depois.**

Primeiro, você introduz os elementos da história — um dia ensolarado e um personagem de boné, que é surpreen-

---

* Apesar de grandes esforços por parte de nossa equipe, o departamento jurídico da Companhia das Letras não pode garantir a veracidade da história aqui reportada.

dido por um morcego criminoso; depois, você desenvolve essa situação — o que aconteceu em seguida, como o personagem agiu, o que o morcego fez...; e, finalmente, você conclui a coisa toda dizendo como aquilo se resolveu — como essa história termina? **Começo, meio e fim.** Essa é a forma como nós organizamos as coisas na hora de contar uma história pra alguém, para que seja interessante, surpreendente, curiosa, emocionante, divertida. Ou para que simplesmente faça sentido pra quem estiver ouvindo.

2. AÇÕES E CONSEQUÊNCIAS

Histórias são contadas pra alguém. Então, o papel mais importante do autor é fazer esse alguém ouvir até o fim. E o que guia o público por uma narrativa é a pergunta fundamental:

Se você tá contando uma história ao vivo e o ouvinte tá só concordando com a cabeça e falando "eita...", "noooossa" ou "hmm", esse comportamento pode ser sintoma de **TÉDIO INTENSO** — uma enfermidade comum no meio do entretenimento. O que a gente quer é que a pessoa esteja interrompendo constantemente com frases como:

e muitas outras que não podemos reproduzir aqui, porque podem ter crianças lendo. O que todas essas reações têm em comum é mostrar que o público está interessado. E pessoas interessadas numa história só querem saber de uma coisa:

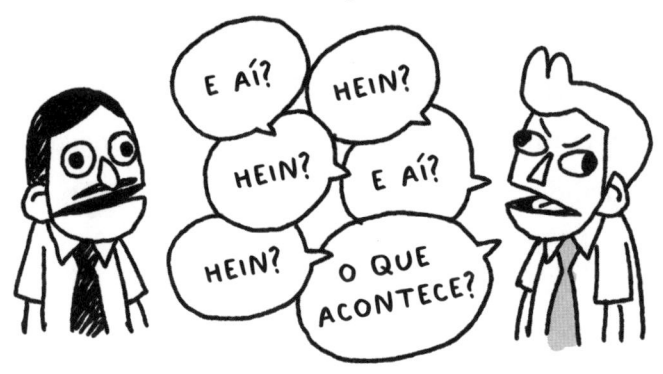

Porque elas sabem de uma dinâmica fundamental em todas as narrações: todo comportamento gera uma reação, uma resposta, uma *consequência*, e é essa estrutura que forma uma história. Cada ação cria uma expectativa sobre qual será a consequência dela, e cada consequência cria uma expectativa sobre qual será a próxima ação!

Um gato e um cachorro lutam karatê. O gato dá um soco: qual vai ser a consequência dessa ação?

Em primeiro lugar: o que acontece com o cachorro? Ele cai no chão porque o gato é superforte, ou nem se mexe, porque é super-resistente? E, dependendo dessas duas reações, quais seriam as consequências? O que o cachorro faria? Ele devolveria um mega soco canino ou só deixaria pra lá, porque o gato nem está no nível dele? E o que o gato faria nessas circunstâncias??? Continuaria lutando, mesmo estando tonto depois de levar aquele soco? Ficaria ofendido se o cachorro nem se desse ao trabalho de enfrentá-lo? **A questão é:** QUEREMOS SABER O QUE VAI ACONTECER!

A cada turno, esse carrossel de ações e consequências vai escalando. Quanto MAIS a história evolui, MAIS ficamos curiosos com o que acontece em seguida.

3. ALGUÉM QUER ALGUMA COISA, MAS NÃO CONSEGUE

Uma menina acordou com fome, foi até a padaria, comprou alguns pães, voltou pra casa e comeu tudo... Teoricamente, você pode dizer que isso é uma história. Tem começo, meio e fim; uma protagonista com um desejo, que decidiu e lutou pra conseguir o que queria. Ela se transforma de uma pessoa faminta pra uma pessoa satisfeita, essa é a conclusão. A única coisa que falta é ser interessante.

Mas de onde é que vem isso? De onde vem esse lance de despertar o interesse das pessoas, fazer o público se envolver com a história, deixar todo mundo perguntando: "E aí, o que acontece??".

Vem da palavra "MAS". Esse termo muda todas as coisas. Se você joga um "MAS" em qualquer frase, o que vem depois é caos e desespero. Tudo pode acontecer! Por exemplo...

Uma menina acordou com fome, foi até a padaria, *mas*...

Sentiu? Você sentiu esse formigamento na sua cabeça? Esse vazio, essa lacuna, esse espaço **PEDINDO PRA SER PREENCHIDO**. É isso que um "mas" cria: EXPEC-TATIVA! Nós automaticamente começamos a tentar prever o que vem em seguida... que é o que faz uma história ser interessante.

Esse espaço é criado na nossa cabeça, mas também na história. Se tudo sai conforme o esperado — como no primeiro exemplo —, não tem nada de interessante ali. Quando a palavra "mas" entra em cena, um espaço é criado entre a personagem e o que ela quer. "Mas... alguma coisa aconteceu", e essa coisa que acontece é sempre um problema a ser resolvido pela personagem, pra conseguir cumprir um desejo.

Pode ser tão simples quanto "esqueceu a carteira em casa", ou mais elaborado, como "um dragão estava dormindo em frente à padaria". Mas sempre vai ser uma questão que a personagem precisa resolver: seja andar mais ou lutar com dragões.

Ou seja: a palavra "mas" traz obstáculos que geram CONFLITO. No fim das contas, só esse atrito não é suficiente pra manter o nosso interesse.

Precisamos de um **mistério**, uma **expectativa**, alguma **brecha** em que a gente possa apostar, com a nossa imaginação, no resultado.

Histórias podem ser sobre **"alguém quer alguma coisa"**, mas se forem sobre "alguém quer alguma coisa, MAS PRECISA SE ESFORÇAR MUITO PARA CONSEGUIR", têm muito mais chances de despertar o nosso interesse sobre *como* essa personagem vai conquistar o que quer. Porque pra nós, pros seres humanos, pro público, conseguirmos o que queremos envolve certo esforço...

4. CONFORTO E DESCONFORTO

Se tudo o que a gente quer aparecesse imediatamente nas nossas mãos, o resultado seria óbvio...

Isso também. Mas a outra coisa é que nunca mais teríamos que nos esforçar pra nada. E, por conta disso, a vida de todo mundo seria muito menos interessante.

Imagine a sua casa, o seu trabalho, as coisas que você gosta de fazer e de comer, seus amigos, os lugares que você frequenta. Tudo isso forma a sua vida — você sabe como essas coisas funcionam e o que esperar delas. Podemos dizer que essa é a sua ZONA DE CONFORTO.

Agora, imagine tudo o que você queria, mas não tem. Beijar uma pessoa que você tá a fim, mas que não sabe que você existe; ganhar um aumento no trabalho; viajar pra um país onde ninguém fala sua língua, mas que você sonha em conhecer...

Pra conseguir essas coisas, você vai ter que ir além dos seus costumes, além do que te faz sentir seguro: você pode ouvir um não, podem rir de você, você pode descobrir que não é tudo isso que achava que era; existe um risco envolvido. E você vai precisar enfrentar essa ameaça, essa brecha entre o que você quer e o que você tem, o que vai gerar um conflito. Podemos dizer que isso tudo está numa ZONA DE *DESCONFORTO*.

Se histórias são sobre personagens vencendo obstáculos, podemos dizer que tudo começa numa zona de conforto, em que surgem desejos ou problemas cujas soluções estão lá fora... na zona de desconforto. É pra lá que o herói da sua história precisa ir: ele vai enfrentar medos e inseguranças e vencer desafios pra conseguir o que quer, pra que a vida dele melhore ao voltar pra casa — pra zona de conforto.

Se nós colocássemos esses eventos numa linha, seria mais ou menos assim:

Na primeira parte, a personagem está tranquila na zona de conforto, mas é tomada por desejos que estão no desconforto do mundo lá fora. Depois de se aventurar por lá, ela retorna para a zona de conforto, mas agora transformada pelas conquistas que só o desconforto pode proporcionar. Esse retorno é importante, porque a vida real acontece na zona de conforto. É onde você dorme e acorda na sua rotina normal. A gente não vive em aventuras. A gente encara aventuras de vez em quando, e tudo o que a gente conquista nessas aventuras é útil para o nosso cotidiano. Então, a personagem precisa sair da zona de conforto, mas sempre volta.

Por isso, em vez de uma linha, é mais útil enxergar histórias num círculo, como um relógio: a parte de cima é o começo e o fim da narrativa, a zona de conforto; a parte de baixo é a zona de desconforto. A personagem começa a história, desce rumo a grandes aventuras, mas volta para casa no final.

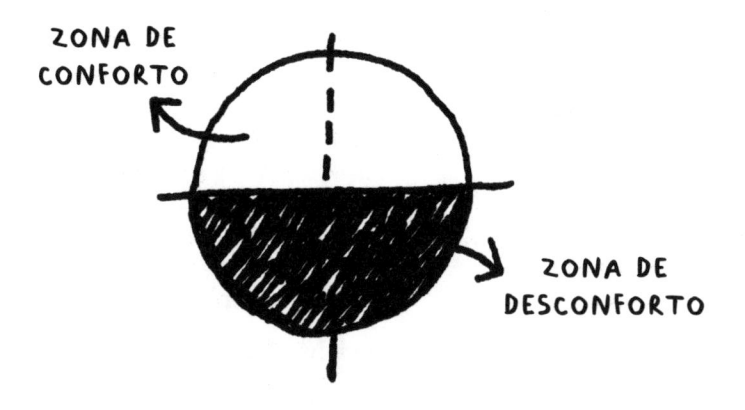

Esse é o diagrama que explica a Jornada do Herói, que é a base de tudo o que usamos pra comparar, analisar e ensinar histórias. Ou a gente trabalha em cima dessa estrutura, ou a gente tenta fugir dela de qualquer jeito pra ensinar algum modelo que seja diferente.

Esse modelo é IMPORTANTE porque é o mais comercial — a maioria dos filmes, séries, livros, animações, jogos, quadrinhos que você já viu são criados em cima da Jornada do Herói. Então, é NECESSÁRIO que você entenda como ela funciona se quiser que a sua história seja lida, recebida e apreciada pelo maior número de pessoas possível, pois a Jornada do Herói é a língua que todo mundo fala.

Se você pesquisar outras estruturas por aí, vai encontrar o Círculo da História, do Dan Harmon; a Jornada do Escritor, do Chris Vogler; a BS2, do Blake Snyder; a Pirâmide de Freytag, o Kishotenketsu... todas são essencialmente a mesma coisa. Se você colocar todas num gráfico, elas ficam mais ou menos assim...

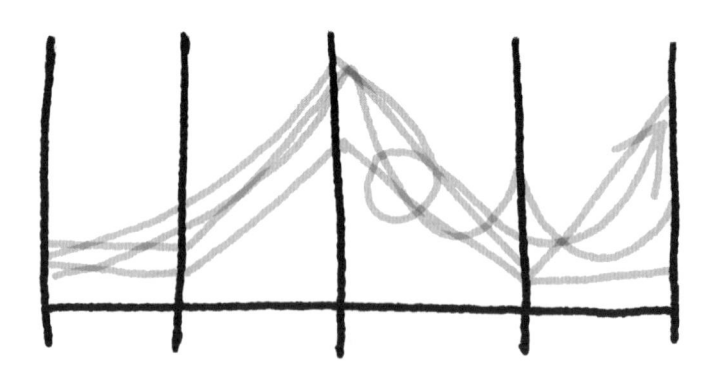

Por que todas são tão parecidas? Porque todas têm começo, meio e fim; e todas falam sobre lidar com algum tipo de dificuldade na zona de desconforto. Quando você junta esses dois elementos na forma de um gráfico, tem essa linha que sobe ali pelo meio da história e desce em direção ao final.

Mas o que ela mede??

Isso é o que eu chamo de **Escala do Conflito**. Se juntarmos todos os métodos e estruturas num só, o que a gente tem é um modelo em que histórias são sobre sair do marasmo, enfrentar desconfortos e retornar com recompensas. O resultado é essa curva:

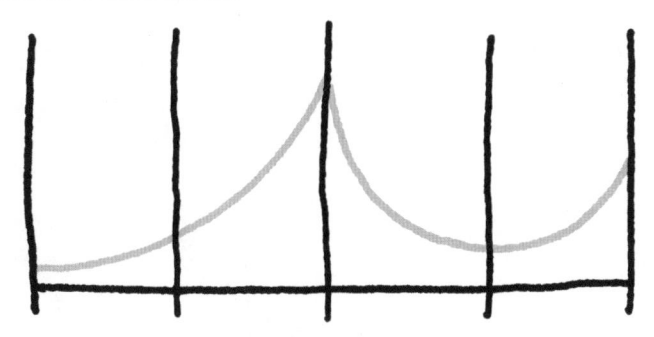

Mas se, olhando assim de longe, todas as histórias se comportam do mesmo jeito, o que mais dá pra saber sobre a nossa história antes mesmo de começarmos a escrever...?

Na verdade... muita coisa.

9

o segredo
dos ninjas

Imaginar uma história é como ver um mapa pelo buraco de uma fechadura — só dá pra enxergar um pedacinho de cada vez. Quando você tenta pensar nela completa, tem que lembrar de todos esses pedacinhos, imaginar como eles se conectam uns aos outros e inventar as possibilidades de tudo o que você ainda não sabe.

É uma receita pra se PERDER e DESISTIR.

Por isso, o melhor jeito é tirar tudo da sua cabeça e colocar no papel. Aí, em vez de imaginar a sua história, você pode olhar pra ela.

Fazemos isso desenhando uma linha e dividindo em quatro partes — a linha representa sua história, enquanto as partes representam começo, meio e fim. Como o meio é mais longo, ele ocupa duas partes. Você pode chamar essas divisões de Atos — I, IIA, IIB e III.

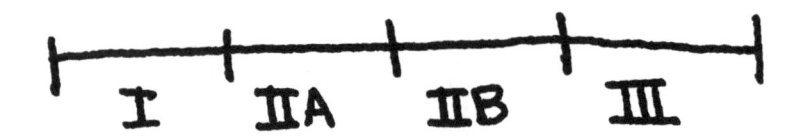

O segredo aqui é o seguinte: nenhuma ideia está solta no vácuo, tudo numa narrativa está conectado. Então, se você consegue enxergar um pedacinho da sua história, em vez de inventar todo o resto, pode imaginar o que já está atrelado àquilo. **Por exemplo**, ao imaginar um pé, ele provavelmente está ligado a uma perna, a um corpo, com braços e um lindo rosto. Se você imagina um pé, traz junto um corpo inteiro.

A questão é: *como* é o resto desse corpo? Vai ver tem tentáculos no lugar dos braços, e a outra perna é uma prótese, e o corpo está vestindo um barril e essa pessoa não tem um lindo rosto, mas sim uma cara carrancuda o tempo inteiro!

Tudo na história é uma decisão sua, mas de acordo com a sua ideia, sabemos quais escolhas você precisa fazer, porque certas coisas já vêm grudadas em outras. Ideias vêm num engradado, não em embalagens individuais. Se você imagina um casulo, tem que imaginar o que vai sair dele. Se imaginar as consequências, precisa imaginar as ações.

Por exemplo: se você quiser escrever um romance, vai ter alguém querendo ficar com alguém; se quiser escrever uma investigação, vai ter um mistério; uma aventura, vai ter alguém correndo; e se quiser escrever Tartarugas Ninja, vai ter alguém comendo pizza!

A linha é tudo. Preencher é ao mesmo tempo:

1. A COISA MAIS FÁCIL DO MUNDO

2. E A MAIS IMPORTANTE

3. E A MAIS DIFÍCIL...

Se as ideias já vêm em bando, só precisamos saber onde cada uma se encaixa na linha e anotar ali. Preencher esse recurso não significa que sua história já está escrita, mas está mapeada. Ou seja, passar por essa etapa te equipa pra escrever de verdade — assim como a *logline* é um guia pra noção geral do que você está tentando contar, a ESCALA DO CONFLITO é um manual para quais cenas você está tentando escrever. Nessa linha, você pode ver como é o começo, o meio e o fim da sua história.

Vamos imaginar uma história em que o cachorro da realeza é roubado por um dragão feroz, e uma intrépida cavaleira precisa buscá-lo — qual é a cena obrigatória que essa premissa cria na nossa cabeça? Uma luta contra o dragão para resgatar o cachorro! Vamos colocar essa cena aqui, logo antes do terceiro ato.

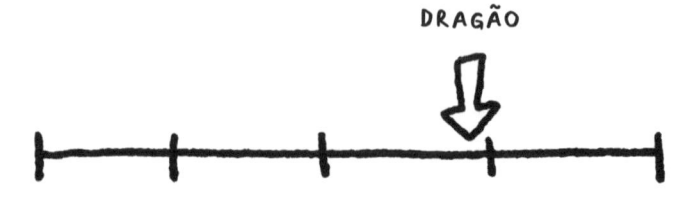

Perfeito: uma descrição de cena curta e grossa. Essas anotações na ESCALA DO CONFLITO são só pra você, então escreva apenas o que achar necessário pra se lembrar de como é aquele momento.

Como a gente falou, ideias não vêm sozinhas.

Ação e consequência: uma coisa puxa a outra. Se o dragão sequestrou o cachorro real, para onde eles foram? Uma torre enorme num lugar muito distante? Parece bom! Já que o dragão e o cachorro estão lá, antes dessa luta, a cavaleira precisa invadir a torre. Coloque essa cena antes da luta. E quando vencer o dragão, a cavaleira pode resgatar o cãozinho e voltar pra casa — anote essas situações *depois* da luta!

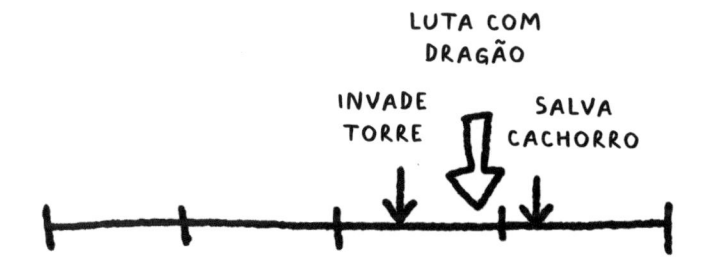

Aquela imagem obrigatória nasce quando o conflito começa (quando o dragão rouba o cachorro), portanto, esse é o começo da história. Antes disso, a gente ainda precisa introduzir os personagens, então vamos colocar essas duas cenas lá na ponta...

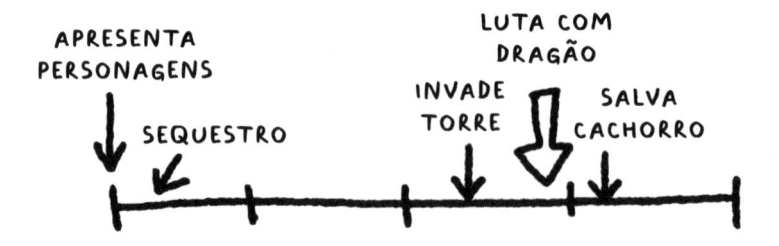

Só o que falta fazer é mostrar o caminho da cavaleira até a torre e lembrar que essa é a ZONA DE DESCONFORTO dela, ou seja, **coisas terríveis** e **emocionantes** PRECISAM acontecer ali. Vamos dizer que ela precisa atravessar uma floresta misteriosa, onde acaba se perdendo e logo é atacada por goblins malvados. Depois de vencê-los, ela consegue um mapa que mostra como seguir pela floresta e pode continuar com a missão.

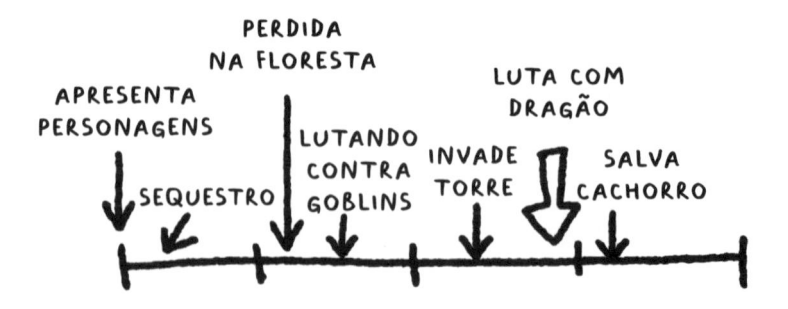

Agora, entre um ato e outro, é importante imaginar as cenas que vão levar essa história adiante. Entre o primeiro e o segundo ato, a cavaleira decide resgatar o cachorro real; no meio da história, ela consegue o mapa dos goblins e pode andar pela floresta; entre o segundo e o terceiro ato, vence o dragão, resolvendo o conflito.

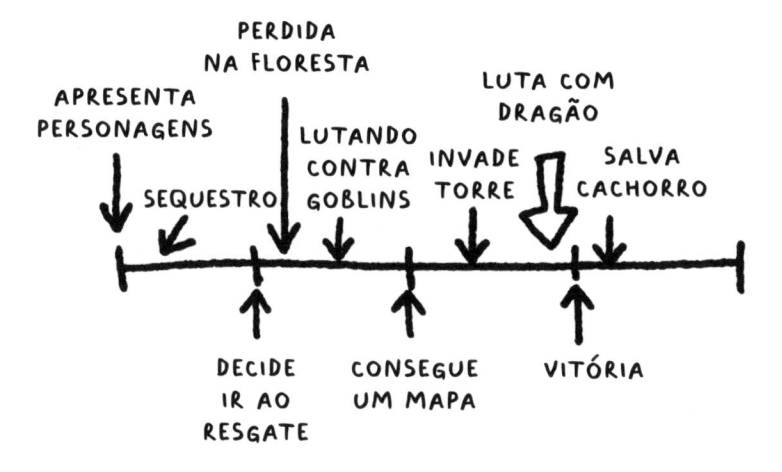

Usamos as pontas da linha — o comecinho e o finalzinho — para mostrar ao leitor como o mundo, a situação e os personagens eram antes de tudo acontecer e como ficam depois que tudo foi resolvido. O famoso Blake Snyder chamava isso de imagens inicial e final. Nessa história, a imagem inicial é uma rainha brincando tranquilamente com o seu cachorrinho da realeza e uma cavaleira despreocupada, enquanto vivem num reino tranquilo. Então, um dragão invade o castelo, rouba algo que elas amam muito e a cavaleira é forçada a encarar essa missão para reconquistar a sensação de paz que sentia vivendo ali. Depois de enfrentar tudo, a imagem final da história é a de uma cavaleira cansada, mas vitoriosa, trazendo de volta um cachorrinho que correu perigo, mas está são e salvo nos braços da rainha novamente.

Só de pensar no óbvio, de pegar a primeira ideia que vem à cabeça, conseguimos imaginar uma história inteira em minutos!

Exato... até virar a coisa mais *difícil* do mundo.

Como eu disse, a gente consegue criar uma história em minutos pensando no óbvio, usando a primeira ideia que aparecer. Mas, escrevendo assim, as chances de entregar uma narrativa que todo mundo sente que já viu são enormes. Então, depois de tirar essas ideias da cabeça e colocar no papel, agora que você consegue *enxergar* a sua história, em vez de tentar imaginar todas as partes dela ao mesmo tempo, pode olhar tudo o que você fez e pensar: "Onde eu posso fazer diferente?", "Como eu posso deixar isso mais interessante?", "O que eu preciso mudar pra surpreender o meu público?".

Ou seja, pra cada cena, personagem, fala, cenário, objeto... pra cada coisinha da sua história, você pode imaginar uma versão diferente, mais interessante e surpreendente.

E se, em vez do dragão, o cachorro fosse levado por um feiticeiro? **E se**, no lugar de uma torre, a cavaleira precisasse salvar o cachorro no futuro? **E se** o cachorro não fosse da rainha, mas do avô da heroína? **E se** em vez de um cachorro, o dragão levasse um bolo de aniversário? **E se** a cavaleira não lutasse pela segurança do reino, mas só agisse em troca de muito dinheiro? **E se** no final ela fugisse com o cachorro porque ele é fofo demais pra ser devolvido?

E se,

e se,

e se,

e se...???

Esse é o grande segredo dos ninjas!

Escrever é muito mais fácil do que planejar uma história. Decidir o que acontece, por que acontece e quais os elementos que compõem a trama é o verdadeiro desafio. Uma vez que essas coisas estão definidas — depois que você preencher a linha com a melhor versão das suas ideias —, você vai se sentir tão seguro para escrever que vai conseguir fazer isso de olhos fechados...

Embora eu não aconselhe.

Nessa etapa, as possibilidades são infinitas. Você pode mudar um elemento que não necessariamente muda todos os outros. Aqui é que entra a sua criatividade, sua voz. É aqui que a história se torna sua, porque essas pequenas escolhas refletem o que você acha interessante. **Ou seja:** preencher a linha com ideias que puxam outras ideias é a coisa mais fácil do mundo. Mas preencher a linha com a melhor história que você pode contar é a mais difícil.

Esta é a parte importante: só você pode decidir o que fazer aqui. Só você pode tomar essas decisões, ninguém pode escolher por você, porque preencher essa linha *é escrever a sua história*. A linha é o protótipo, o guia, o mapa, a lista de cada coisa que vai ser contada. Então, essas decisões são só suas.

Escrever uma história não é escrever sobre um universo, os personagens que vivem nele e o que eles fazem lá. Escrever é *decidir* como é o universo, os personagens e o que eles fazem. É sentar pra pensar como essas coisas poderiam ser. E se fossem diferentes, o que aconteceria? Para onde essa história iria?

Escrever não é redigir uma visão que surgiu na sua cabeça. É trabalhar nessa visão, esculpir essa ideia; é montar, bloco por bloco, esses acontecimentos que você quer dividir com o mundo. É se colocar no lugar do leitor e imaginar o que vai emocionar essa pessoa.

O que vai deixar o público impressionado, tenso, aflito, surpreso? O que vai fazer cada pessoa querer virar a página, querer saber mais, perguntar "e aí, o que acontece???". E o único caminho pra isso é buscar na sua imaginação qual é a melhor resposta pra essa pergunta. Qual é a melhor resposta pra quando alguém pergunta: "E aí, o que acontece?".

Escrever não é ter um lampejo de inspiração. Escrever é mergulhar num mar de incertezas e ideias ruins até achar uma boa. Escrever é dar uma lista de opções pra você mesmo e saber que é a única pessoa que pode escolher qual delas é a melhor.

Escrever é fazer perguntas e encontrar respostas.

Basicamente... sim.

Pra te ajudar nessa missão criativa, tem uma coisa que a gente pode fazer. Se cada etapa na sua linha do tempo é uma cena que se comporta mais ou menos da mesma maneira em qualquer história, vamos olhar mais de perto e definir melhor como essas cenas funcionam. Assim, fica mais fácil imaginar como elas seriam na *sua* história.

10
bolo

Lembra quando eu falei que cada autor tinha a sua versão da Jornada do Herói, mas que todas eram a mesma coisa? Muito bem. **Esta aqui é a minha.**

Primeiro, porque eu não vou terminar este livro dizendo "se quiser ajuda, vá procurar em outro lugar!". E depois que, agora que você já leu tudo o que eu tinha pra contar sobre como escrever histórias, nada melhor do que acabar com um passo a passo que usa a mesma linguagem que você teve que aturar ao longo dessas páginas.

A ESCALA DO CONFLITO é uma lista muito simples e genérica de etapas conceituais que você pode usar como base para escrever suas cenas e planejar sua história. Caso você seja um espírito livre, que acha que nenhum formato de escrita pode cercear as suas liberdades criativas...

... essa é a parte do ensino da escrita criativa popularmente destratada como "receita de bolo". Se você acha que não precisa seguir uma espécie de passo a passo, "ligue os pontos" ou guia de como escrever (eu não sei como você aguentou chegar até aqui, muito obrigado, você foi muito paciente), pode pular essa parte e seguir o seu coração, viver livre e escrever o que quiser. **Ninguém vai te julgar**.

É importante colocar isso aqui porque, pelo menos no começo, ter um mapa na hora de planejar uma história é extremamente útil. Se todas as histórias se comportam da mesma forma, por que não olhar pra esse modelo em vez de querer reinventar a roda toda vez que sentar pra escrever, né?

Como vimos, as possibilidades infinitas na hora de reescrever a sua linha do tempo vão ocupar muito espaço se a gente quiser colocar **todas** as ideias no papel. Então, em vez de usar esse método, vamos pegar um monte de pedaços de papel (ou cartões indexáveis ou post-its) e escrever em cada um deles cada cena, ideia e diálogo que aparecer na cabeça.

Depois de anotar todas as ideias, você coloca os papéis em ordem numa mesa, no chão, em qualquer superfície plana em que eles caibam todos juntos.

Agora você pode *ver* a sua história, assim como fizemos com a linha do tempo. Assim é muito mais fácil enxergar o todo e pensar no que você quer mudar, o que está faltando ou quais ideias não funcionam. Troque as cenas de lugar até encontrar a melhor sequência de eventos pra sua trama. Você pode fazer as anotações de um jeito bem curto e simples, só pra lembrar como é aquele acontecimento ou qual é aquela ideia. Mas você também pode usar cada papel para anotar uma cena do jeito mais profissional, complexo e estruturado possível.

Nesse caso, você deve anotar **três coisas** para cada cena:

- onde ela se passa;
- uma breve descrição do que acontece;
- e qual é o conflito.

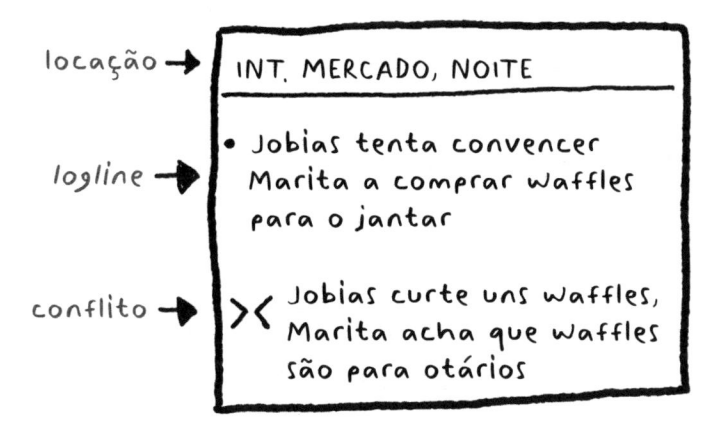

Um jeito interessante de usar esse formato é escrever esses cartões por último: primeiro, você anota um conceito geral na linha do tempo; depois, despeja todas as ideias possíveis e versões alternativas delas em pedaços de papel e organiza tudo numa mesa, enquanto escolhe quais ficam e quais vão pro lixo. Quando definir a trama, você pode reescrever cada cena nesse formato. Assim, em vez de ter um monte de papéis soltos, você terá um resumo muito bem definido do que acontece na sua história.

Está em dúvida sobre o que acontece em cada cena? Sem rumo sobre como a história deveria progredir ou sobre o que tem que acontecer em cada momento? Sem problemas, vem comigo. Este é o guia que eu tenho na minha cabeça quando vou escrever. A verdade é que meu processo de escrita é **200%** baseado em pensar "que coisa daora vem agora?", mas sempre que eu travo, quando não sei o que vem a seguir, eu consulto isto aqui: uma lista do que acontece na maioria dos filmes, séries, livros, jogos e animações que já vimos e continuamos amando mesmo depois de anos e anos.

Eu não quero *ditar* o que acontece na sua história. Pense neste modelo como rodinhas na sua bicicleta: você não vai usar pra sempre, mas pode ser muito útil pra começar e, principalmente, pra conseguir terminar de escrever. Depois de um tempo, este passo a passo vai estar gravado na sua memória, e você não vai mais precisar recorrer a ele.

Também é importante ressaltar que quem diz que modelos narrativos são como receitas de bolo — insinuando que todas as histórias escritas usando esses modelos são iguais — provavelmente nunca fez um bolo. A receita não garante o seu bolo. Qualquer interferência no processo vai afetar os resultados. O seu bolo pode dar muito certo ou muito errado usando a mesma receita.

Por isso eu penso em modelos narrativos como forminhas de gelo.

Se você quiser fazer gelo e eu disser que você precisa de uma forma, você pode dizer que a criatividade sem limites do seu gelo não cabe em forminha nenhuma; mas se você nunca fez gelo antes, vai ser difícil sem essa ajuda. Se você quer aprender mais sobre como escrever histórias — como eu imagino que queira, para ter chegado até esta parte do livro... —, é importante absorver o máximo de informação possível, para então decidir quanto aquilo faz sentido pra você e pro seu processo, ou não. **O modelo não vai escrever sua história:** quem deposita as ideias e a criatividade no papel é você. Então, em vez de brigar com o fato de que o gelo precisa de uma forma, você pode pensar no que quer usar como forma, ou no que quer congelar!

Não importa qual processo você esteja usando, não dá pra tirar a criatividade do processo criativo.

Olhando a linha do tempo, você tem um panorama geral do que acontece com o herói em cada um dos três (ou quatro) atos da sua história.

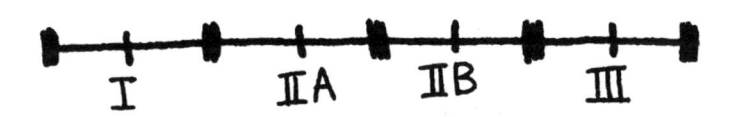

Mas se você não preencher a linha, ela é só uma linha. Então, pra ficar mais fácil de enxergar o que acontece nela, vamos transformar isso num gráfico, mostrando a escala do conflito ao longo dessa história.

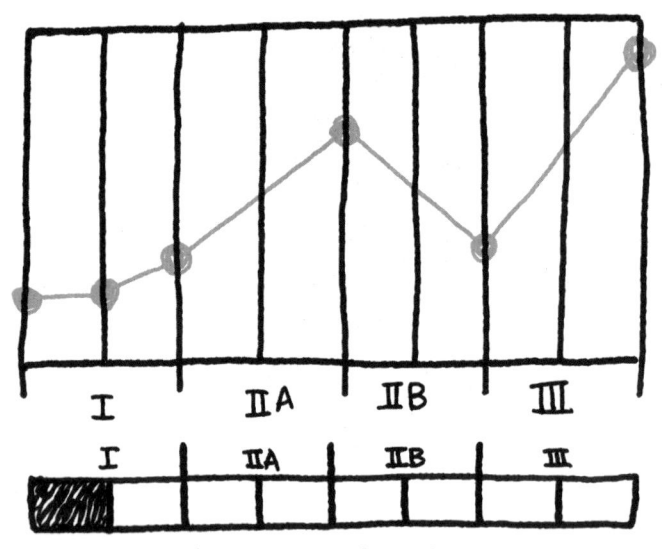

Como você pode ver no gráfico, durante a primeira sequência da história o herói está na mesma — a linha segue reta. Aqui nós conhecemos **QUEM é o protagonista, O QUE ele tem de errado, O QUE ELE QUER e por que gostamos dele.**

Assim que nós chegamos no próximo ponto, o conflito começa — os assaltantes decidem roubar um banco, uma aventureira encontra um mapa, o surfista avista a onda que vai levá-lo dali... O herói recebe *o chamado.*

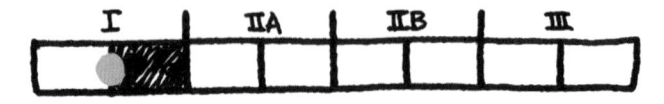

Nessa sequência, o drama começa e o herói recusa aquele chamado, pensando nas consequências de enfrentar essa aventura. Mas ele sabe que precisa tomar uma atitude — ainda não começou a surfar, mas já está remando, se preparando para essa onda. Quando conseguir, vai entrar no segundo ato.

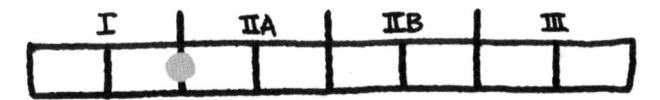

O momento em que o herói decide enfrentar os obstáculos em busca do que quer (quando cruza a linha entre as zonas de conforto e desconforto) é a quebra do segundo ato: ele enfim atravessa a barreira que separa o mundo dele do mundo que tem aquilo que ele quer.

Na primeira parte do segundo ato, o herói precisa aprender a lidar com esse mundo: tudo é novo e hostil.

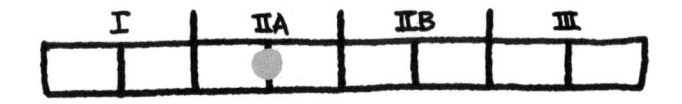

Depois de sofrer o suficiente para que o público entenda quais são os desafios que o herói precisa enfrentar, dê um descanso pra ele: um amigo, um refúgio momentâneo, uma brecha em que podemos aprender mais sobre ele. Conte por que o herói foi forçado a fazer escolhas e expor suas fraquezas... E aí jogue ele de volta aos problemas.

Mas agora o seu herói está pronto para lidar com esse mundo novo. Ele tem aliados e sabe quais são os desafios. Se seu herói é um lutador, aqui é a montagem de treinamento dele; se a história é uma comédia romântica, é aqui que o casal descobre que foram feitos um pro outro. Tire esse momento para dar ao seu público a promessa do seu conceito, as cenas que você colocaria no trailer do filme pra mostrar pra todo mundo qual é a graça da história. Tudo aqui é mais difícil do que na ZONA DE CONFORTO, mas ele descobriu que também pode ser prazeroso — está se divertindo (e nós também)!

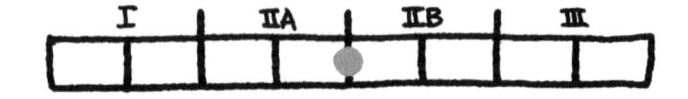

Chegamos ao meio da história. Seu herói agora sabe como lidar com esse mundo e tirou um momento para respirar. Mostre como ele mudou — o surfista não está mais lutando contra a onda, ele agora pode surfar de olhos fechados; os assaltantes tomaram conta do banco e pegaram todo o dinheiro; aquele casal teve um dia perfeito e acordou lado a lado para um café da manhã tranquilo.

Agora respire fundo e se prepare...

Na primeira parte do segundo ato, o herói aprende a lidar com a ZONA DE DESCONFORTO e **arrasa**! Ele manda muito bem e tudo mais... Na *segunda* parte do segundo ato, entretanto, a linha da ESCALA DO CONFLITO é uma longa queda até o chão.

Tudo o que deu certo antes não funciona mais, porque os obstáculos agora são muito mais intensos. O herói teve tempo para se acostumar, mas o dragão que mora naquele mundo finalmente o encontrou, e agora vai atrás dele com tudo.

Esse é o caminho do herói de volta para o seu mundo. Os policiais perseguem os assaltantes; o casal descobre o que estavam escondendo um do outro... Entrar naquele universo já não foi fácil, mas sair dele vai ser ainda mais difícil. Quaisquer que sejam as ferramentas que o protagonista adquiriu, já não são mais suficientes aqui.

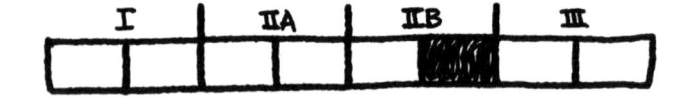

O herói é tão castigado e perseguido que não vê mais saída: ele chega a contemplar a própria morte, ou a morte metafórica dos seus sonhos. Aqui, o obstáculo se torna tão implacável que o protagonista acredita que tudo está perdido, e é tarde demais para desistir. Ele está diante das piores consequências possíveis de tudo o que queria.

Aí nós chegamos à quebra do terceiro ato: prestes a aceitar a derrota, o herói percebe uma solução para os seus problemas, e usa tudo o que aprendeu até aqui para cruzar o limite da zona de desconforto e voltar para seu mundo.

Agora, o herói finalmente alcançou seus objetivos: cumpriu a missão que o trouxe para essa aventura. Mas, ao cruzar a passagem de volta para o próprio mundo, ele traz consigo os obstáculos que não foi capaz de vencer. Conseguiu escapar do castelo com os tesouros, mas o dragão veio atrás dele. O herói precisa enfrentar os desafios uma última vez.

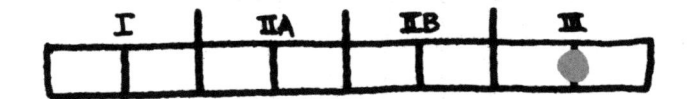

É aqui que concluímos a aventura. Depois de encarar seus medos e aprender o que era preciso, o herói vence o problema para sempre: ele agora é capaz de lidar com aquele desconforto, e seu adversário não é mais capaz de vencê-lo.

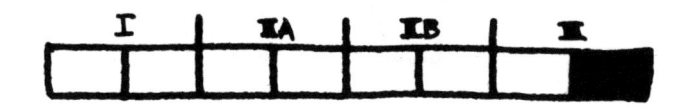

FINALMENTE, o herói pode retornar à sua vida, mas agora está munido de tudo o que adquiriu no mundo sinistro. É hora de mostrar quem ele é no final em contraste com o fracassado que era no início da narrativa.

Essa é a trajetória da nossa história:

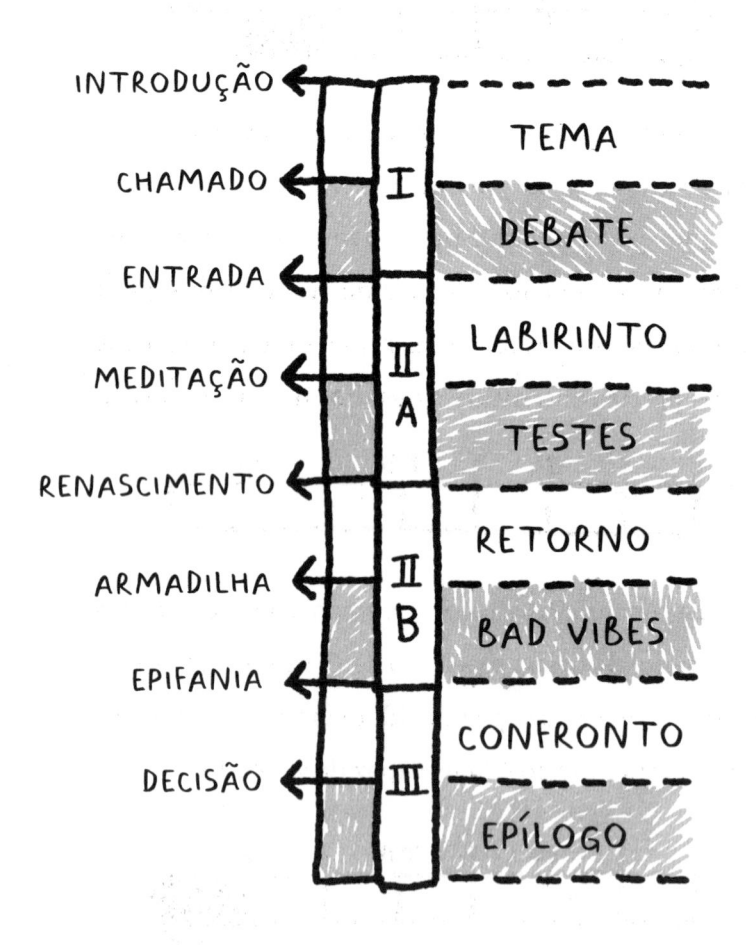

ATO I

1. **Introdução:** comece sua história. Apresente um personagem (o herói), um lugar (onde a trama se passa) e o tom (a atmosfera que vai ter). Se é uma comédia, faça uma piada. Se é um mistério, mate alguém...

2. **Tema:** introduza os personagens (é melhor que todo mundo seja apresentado, ou pelo menos citado, aqui), as regras desse mundo (como as coisas funcionam) e estabeleça o conflito (a intenção e o obstáculo). Mostre tudo que forma o tema da sua história.

3. **Chamado:** coloque a intenção e o conflito em rota de colisão. Confronte o herói com uma situação que ele não pode ignorar.

4. **Debate:** o herói sabe que precisa encarar o chamado, mas vai evitar fazer isso ao máximo. O protagonista não é um idiota; ele sabe o que está em jogo, então o faça pesar os prós e contras dessa aventura.

ATO IIA

5. **Entrada:** a quebra do segundo ato é o momento em que o herói decide encarar seus medos e enfrentar os obstáculos — mostre-nos essa decisão. Como esse protagonista entra na zona de desconforto?

6. **Labirinto:** as regras do mundo normal não existem aqui. Tudo está ao contrário. Neste lugar, o herói é um peixe fora d'água. Mostre o impacto que isso causa nele.

7. **Meditação:** perdido, o herói se isola para refletir. Os obstáculos o colocam em contato com a falha dentro dele. Faça-o encontrar forças para seguir em frente.

8. **Testes:** determinado, o herói enfrenta o novo mundo mais uma vez, e não se deixa vencer. Aqui, vemos a promessa do seu conceito; o trailer da sua história veio deste estágio. Mostre o herói evoluindo, crescendo, aprendendo — deixe que ele se divirta um pouco no processo.

ATO IIB

9. **Renascimento:** foi difícil, mas nosso herói é um novo personagem, alinhado com esse novo mundo. Ele está tão satisfeito que esquece dos obstáculos por um momento.

10. **Retorno:** o herói é lembrado de que problemas muito maiores do que ele viu até agora ainda o aguardam nessa zona de desconforto. Ele vê que o caminho de volta para casa vai ser complicado...

11. **Armadilha:** o adversário, o vilão, a força opositora encontra o herói quando ele se prepara para retornar e move tudo ao redor contra ele.

12. **Bad vibes:** pressionado por todos os obstáculos, o herói se vê próximo da derrota. Está prestes a perder tudo o que estava em jogo. O herói contempla a morte das suas intenções, dos seus sonhos, dos seus objetivos...

ATO III

13. **Epifania:** no último instante, o herói percebe o que faltava dentro dele. Ele consegue enxergar através dos dois mundos e usa tudo o que aprendeu para cruzar o limite entre eles, escapando do adversário e voltando para o mundo normal.

14. **Confronto:** o adversário segue o herói pela saída, em busca de um último confronto. Esse é o momento final do seu conflito — nada pode ficar para depois.

15. **Decisão**: o vencedor do confronto dita qual a resposta para o tema da sua história. Se sua história for um épico, o herói vence; se for uma tragédia, ele perde.

16. **Epílogo:** mostre a vida após esse conflito. Como o mundo do nosso herói foi transformado pelas suas aventuras?

epílogo

FINALMENTE: você tem uma história.

Parece que não. Parece que é só um punhado de anotações e rabiscos, mas preencher aquela linha, imaginar o que acontece e descartar o que não acontece é a parte mais difícil. Depois disso, o que sobra é a sua voz, a sua criatividade, os detalhes, as piadas... e o que falta é curtir o ato de escrever.

Com essa estrutura, você pode criar histórias para qualquer formato e propósito — afinal, não importa se está jogando videogame ou lendo um romance soviético, histórias sempre tem *começo, meio e fim*; *intenção* e *obstáculo*; *texto* e *subtexto*; e um *tema* permeando todas as cenas.

Quando sentar para escrever, despeje as palavras na página, use tudo o que você sabe sobre a sua narrativa. Afinal, é para isso que passamos tanto tempo planejando: para que você soubesse exatamente a história que quer contar antes de começar a escrever.

Quando começar, vá até o final sem ler nada do que escreveu.

Quando terminar, tire um ou dois dias de folga antes de voltar pra ler.

E quando reler, não se preocupe: a primeira versão é SEMPRE horrível.

Relaxe.

Sente e comece a procurar o que está errado. Arrume e faça tudo de novo, até gostar do resultado.

O importante é que a história já existe.

O trabalho de escrever já foi feito. Reescrever é um processo que só ajeita o que já está pronto. **Ou seja:** reserve um momento para ficar orgulhoso de si mesmo.

Você **oficialmente** escreveu uma história.

Do começo ao fim.

NINGUÉM pode tirar isso de você.

Agora você sabe tudo o que eu sei sobre escrever histórias, e eu escrevo histórias o tempo todo.

A maioria fica guardada, esperando pra virar alguma coisa. A grande maioria nunca vai ver a luz do sol. Mas todas existem e foram criadas com as mesmas ferramentas vistas aqui.

O que eu quero dizer é o seguinte: histórias são grátis — elas surgem na sua cabeça e tudo o que você precisa fazer é colocá-las no papel.

Então vai lá escrever.

entrevista com o autor

Como escrever histórias é um livro cheio de personalidade, com humor e vários detalhes mais teóricos. Como foi o momento em que você percebeu que queria escrever um guia como este?

Ter lido livros de roteiro e aprendido as ferramentas para se construir uma história foi um evento canônico na minha vida. Não só porque eu me senti muito mais equipado pra contar as ideias que surgiam na cabeça, mas principalmente porque *era muito fácil!* Eu entendi que, sabendo meia dúzia de coisas, você consegue passar por cima de toda a dúvida e o chamado "bloqueio criativo". Então resolvi que escreveria um livro assim, só que muito mais simples e acessível do que os que eu tinha lido — achei que mais pessoas precisavam aprender o que eu tinha aprendido.

Quando você pensa nas histórias que mais te marcaram, sejam livros, filmes, séries, jogos ou quadrinhos, quais são as primeiras que te encantaram? E qual foi aquela que te fez não só querer consumir histórias, mas também escrevê-las?

TODAS! Eu escrevo e desenho desde muito cedo e sempre fui incentivado a continuar fazendo isso. Então desde sempre eu tenho essa percepção de que as histórias que vejo são inspirações, mais do que entretenimento. É como se todo filme, toda série, todo livro fossem aulas ou demonstrações de como você pode contar uma história. Então eu sempre tive essa vontade de escrever histórias. E não como um impulso profissional, mas como uma coisa divertida — acho que estou brincando de escrever histórias e fazer desenhos até hoje. Talvez seja por isso que este livro é assim...

A ideia de ensinar como escrever histórias é intimidadora, já que envolve lidar com tantos aspectos diferentes, como personagens e estruturas, e com o processo criativo de cada pessoa. Quais foram os principais desafios para tornar o livro acessível e útil para escritoras e escritores de diferentes níveis?

Na verdade, não foi nem um pouco intimidadora (eu sou uma pessoa insuportavelmente confiante). Eu sabia que minha intenção era comunicar como algumas ideias, conceitos e ferramentas do processo criativo eram simples e tão abstratas que serviam pra praticamente qualquer autor escrever qualquer obra. Então, o verdadeiro desafio foi escolher quais eram as melhores piadas pra ilustrar essas ideias hahaha.

Muita gente enfrenta a famosa "síndrome do impostor" e sente que nunca vai ser tão bom quanto os autores que admira. Que conselhos você daria para ajudar a superar as inseguranças?

Os autores que você admira não *nasceram* escrevendo daquele jeito. Eles *aprenderam* a escrever assim. Então, teoricamente, você também consegue. O problema é escrever tendo que enfrentar essa sensação de que você ainda não chegou naquele nível. Nessas horas é importante lembrar que o único caminho pra chegar lá é escrevendo. Então, meu conselho é escrever horrivelmente mal. Dramaticamente mal. Muito mal mesmo. Até ter praticado tanto que você só consegue escrever bem.

A página em branco é sempre um pesadelo para quem quer escrever. Para quem está "bloqueado", sem ideias ou inspiração, que dicas você dá para conseguir destravar?

Pesquisa! Vai atrás de filmes, séries, livros, quadrinhos, fotos e tudo o que lembrar a história que você tá tentando escrever. A gente pensa que inspiração é uma coisa que vem até nós. Mas não é! Inspiração pode ser uma coisa que você *busca*. Monta um mural de inspirações, folheia uns livros com imagens que lembram a sua história, cria uma playlist que tem a vibe que você tá tentando criar. Às vezes as ideias podem vir até você, mas é bem mais fácil ir até elas.

Se você pudesse chamar um personagem de ficção para te ajudar a escrever o *Como escrever histórias*, quem você chamaria? Por quê?

Chamaria a Sydney de *The Bear* ou o Sanji de *One Piece* ou o Remy de *Ratatouille*... Alguém que cozinhasse coisas gostosas pra comer enquanto eu escrevo.

As pessoas ainda têm muito a ideia romantizada do autor que se isola em um local bucólico para conseguir escrever, embora essa não seja a realidade da maioria dos escritores. Por isso, queremos saber: qual foi o local mais curioso em que você começou a escrever uma história?

O começo pode ser em qualquer lugar. Costuma ser um lampejo em que eu anoto fervorosamente alguma ideia. Mas lembro de terminar o rascunho de um capítulo de uma HQ num guardanapo dentro de um avião. Me senti muito *jetsetter*.

E o que não pode faltar na sua mesa de trabalho enquanto você está escrevendo?

Meu fone de ouvido. Se possível um café e um croissant também. Mas o fone é imprescindível...

Se você pudesse montar uma prateleira com as suas cinco referências de ouro, aquelas que você acha indispensáveis para qualquer pessoa que quer contar histórias, quais você escolheria?

How to Write a Movie in 21 Days, da Viki King (esse não existe em português, mas toda a vibe autoajuda do que eu escrevo vem desse livro); *Save the Cat!*, do Blake Snyder; *Mangaká*, do Akira Toriyama (tem dicas tão práticas sobre como as coisas funcionam que eu fico assustado); *Criando arcos de personagem*, da K.M. Weiland; e *Story*, do Robert McKee (é superdenso, mas depois de ler esse, os outros ficam muito mais fáceis de entender). Eu também apertaria *Arte e medo*, de David Bayles e Ted Orland ali na prateleira (pra entender as coisas malucas que acontecem na sua cabeça quando você tá criando).

E agora a pergunta que não quer calar: qual o desfecho do Pudim Assassino?

Se contasse, eu teria que te matar.

obrigado

ESTA OBRA FOI COMPOSTA EM CRIMSON PRO E
IMPRESSA PELA GRÁFICA BARTIRA EM OFSETE SOBRE PAPEL ALTA ALVURA
DA SUZANO S.A. PARA A EDITORA SCHWARCZ EM MAIO DE 2025